WENSHI XUEKAN

文史学刊

中国政协文史馆　编

第十六辑

政协文史馆建设亲历专辑

中国文史出版社

图书在版编目(CIP)数据

文史学刊. 第十六辑,政协文史馆建设亲历专辑/
中国政协文史馆编. － －北京:中国文史出版社,2025.
1. － － ISBN 978－7－5205－5019－2

Ⅰ. C53

中国国家版本馆 CIP 数据核字第 2024AJ6964 号

责任编辑：卢祥秋

出版发行：中国文史出版社
社　　　址：北京市海淀区西八里庄路 69 号院　邮编：100142
电　　　话：010－81136606　81136602　81136603（发行部）
传　　　真：010－81136655
印　　　装：廊坊市海涛印刷有限公司
经　　　销：全国新华书店
开　　　本：720×1020　1/16
印　　　张：12.75　　　　字数：171 千字
版　　　次：2025 年 1 月第 1 版
印　　　次：2025 年 1 月第 1 次印刷
定　　　价：45.00 元

编者的话

近年来，全国各地政协文史馆的建设蓬勃发展。据不完全统计，截至 2024 年 9 月，全国各级政协文史馆共 149 家，除中国政协文史馆之外，还有省级 21 家，副省级 12 家，地市级 51 家，县级 64 家。已经开馆 128 家，建设中 21 家。

政协文史馆的建设，是一项具有深远意义和价值的重要工作。每一家政协文史馆从立项到建设都有自己的独特经历，于是我们动议征集各个文史馆的建设亲历文章，编辑一本"政协文史馆建设亲历记"，以记录这段充满了使命感的建设历程。

很快，我们的征集得到了 31 家政协文史馆的响应，经过反复沟通和修改，31 篇稿件跃然纸上，呈现出了那些亲身参与政协文史馆建设者的宝贵经历与感悟。每一个故事，每一段历程，都是对这段奋斗岁月的真实记录。

这些亲历者以他们的智慧、汗水与奉献，推动着政协文史馆从无到有，从蓝图变为现实。他们的努力不仅为政协事业增添了浓墨重彩的一笔，更成为政协文史工作中闪耀的篇章。

翻阅每一篇文章，我们都能够感受到他们面对困难时的坚忍不拔，面对挑战时的勇敢担当，以及对政协文史馆建设的那份执着与热爱。这些真实的叙述，让我们仿佛身临其境，一同经历着建设过程中的点点滴滴。

我们希望，阅读不仅仅是对过去建设历程的回顾，更是对未来的一种激励。它提醒着我们铭记历史，珍惜当下，同时也鼓舞着后来者们以更加饱满的热情和信心，投身到政协文史事业的发展中。

我们相信，这本《文史学刊：政协文史馆建设亲历专辑》将成为一座连接过去与未来的桥梁，让更多的人了解政协文史馆建设的意义与价值，从中汲取力量，为推动政协文史事业的不断进步贡献自己的智慧和力量。

目 录

回顾"人民政协文史资料展"筹备情况

赵东胜 *

我就"人民政协文史资料展"筹备情况,从两方面作一简要回顾。

一 关于接受"人民政协文史资料展"筹备任务情况

建设中国政协文史馆是第十一届全国政协主席会议决定的一项重点文化工程,是新形势下加强文史资料工作的一项重要举措。按照全国政协办公厅文史馆建设规划,在文史馆开馆日,要同时展出"人民政协光辉历程展"和"人民政协文史资料展"两个展览,并将这两个展览确定为中国政协文史馆的固定展(也叫基本展)。办好文史资料展,全方位展示全国政协、各民主党派、各级地方政协文史资料工作的重要成果,以及在"存史、资政、团结、育人"和社会主义文化事业建设中作出的重要贡献,意义重大。2011年初,全国政协办公厅部署启动两个展览筹备工作,确定2012年9月21日中国人民政治协商会议成立63周年纪念日为中国政协文史馆开馆日,并同时展出两个展览。光辉历程展览组年初如期顺利展开工作,文史资料展览组由于人员不确定等多种因素延迟半

---

* 赵东胜,全国政协原文史和学习委员会办公室巡视员。

年多才展开筹备工作。

记得 2011 年 7 月上旬，我在政协礼堂开会返回文史出版社途中，文史和学习委员会驻会副主任卞晋平在礼堂北门台阶处把我叫住，直截了当地下达了任务。他说："你来负责'人民政协文史资料展'筹备工作，并担任组长。"因为任务布置得很突然，我一点思想准备都没有，加之过去没有接触过文史资料工作，当时向卞主任回复说，我对文史资料工作不了解。卞主任坚持说："不了解不要紧，给你配两名文史专家（方兆麟、韩淑芳）负责业务，你负责统筹协调，只要认真负责，相信你能做得很好。"卞主任当时还简要介绍了文史馆筹建情况，态度很坚决。感觉任务紧迫、责任重大，我便接受了任务。当时，中国文史出版社刚完成转企改制工作，由于工作需要，组织上于 2011 年 1 月将我调整到文史和学习委员会办公室（九局）任巡视员，但我人还在中国文史出版社社长岗位工作，一直到 7 月上旬正式到九局报到并完成随委员赴内蒙古调研任务后，7 月下旬开始投入文史资料展筹备组工作。经报全国政协领导同意，文史资料展筹备组于 2011 年 8 月 4 日正式批准成立，并定名为"人民政协文史资料展"脚本组。从批准之日起到正式展出，满打满算仅有一年零半个月的筹备时间，我们就是在这种情况下接受的任务。

二　关于文史资料展筹备和施工过程中印象深刻的几件事情

回想 10 多年前文史资料展筹备工作，许多事情仍然记忆犹新，筹备组全体同志为宣传人民政协事业做了一件非常了不起的事。

一是筹备文史资料展成就斐然，参加筹备工作的同志立下了汗马功劳，无论现在还是将来都不应忘记他们。

"人民政协文史资料展"脚本组由全国政协文史和学习委办公室、中国文史出版社、中国政协文史馆筹建办公室、天津市政协等 4 个单位临时借调的 19 名人员组成，下设大纲起草、资料搜集、综合 3 个小组，并对所有成员进行具体分工，明确了工作职责：

组　长：赵东胜　全面负责组织协调文史资料展筹备工作。

副组长：方兆麟　天津市政协文史和学习委员会副主任，负责展览方案的设计，指导各组完成资料搜集、大纲编写，以及展厅设计、布展等任务。

副组长：韩淑芳　中国文史出版社副总编辑，与方兆麟同志一起设计方案，承担大纲编写任务，对资料搜集、方案设计提出指导意见，组织相关人员实施布展等任务。

脚本组下设 3 个组：

（一）大纲起草组

组长：韩淑芳（兼）

成员：刘仰东、吕潇潇（均为文史馆筹建办干部）

主要职责：2011 年 12 月底前完成展览大纲的起草，2012 年 2 月底前完成大纲送审、修改任务。

（二）资料搜集组

组长：许水涛（兼文史馆筹建办副主任）

成员：于波、裴彬、陈海滨、邹睿、安军、王京燕、李春华、秦珂伟（均为文史馆筹建办干部）

梁志安、杨玉文（均为文史出版社退休干部）

主要职责：2011 年 9 月底前完成资料搜集整理工作，并为起草大纲提供依据。

（三）综合组

组长：赵东胜（兼）

成员：曾小丹、杨卫东、封玉敏（均为文史馆筹建办干部）

主要职责：负责对音像资料的收集整理，对各种文物、展品等进行登记、保管，负责会务和综合服务保障工作。

"人民政协文史资料展"主题鲜明突出，专业性强，在政治性、思想性、史料性、艺术性上都有较高的要求，而且没有可以借鉴的先例，加之筹备工作起步晚、时间紧，在筹备过程中，全组人员抓住一切可以利用的时间、机会开展工作。大纲起草组曾组织相关人员7次集中撰写修改陈列方案，4次印刷方案，2次书面征求机关领导、有关室局、专家意见建议，最终形成了近6万字的陈列方案、2.5万多字的解说词稿件；资料搜集组多次联系中央档案馆、机关档案处、31个省级和15个副省级市政协文史委及各民主党派中央、全国工商联，制作高仿展品，核实资料，征集文件、图片、图书及文物，同时征集文史馆馆藏图书；综合组联系组织了全国地方政协文史办主任会议、机关老文史工作者座谈会、各民主党派及工商联宣传处长座谈会、文史委委员专家座谈会，同时负责基础数据统计，每次例会、参观和集中写作的组织保障等工作。

2012年2月，筹备工作进入关键阶段，文史馆筹建工作领导小组考虑文史馆未来发展需预留空间，决定将"人民政协文史资料展"由固定展改为临时展。展览定位调整后，我们对陈列方案及时进行调整修改，将展厅设在文史馆第4层，使用面积1108平方米，展线190延米，确定2012年8月初完成预展，确保9月正式向社会开放。

尽管临时调整方案给筹备工作带来一定难度，但全体同志并没有因为时间紧张而影响工作进度。经过两个多月的共同努力，圆满完成了预展任务。共制作展出浮雕7幅，图片375幅；图片展板93块，文字展板53块，大型图表展板5块；制作展品柜46个，展出重要文献资料、文物、办公用品等590余件（份、册）；制作图书展架7组，展出珍贵出版物 6200 余册，口述历史音像资料 129 套；配套使用单点触摸屏 17 台，视频播放器 1 台，投影仪 3 台，展出 21 人口述历史精彩集锦、24 人访谈专题短片；收录编辑全国各地政协文史资料选辑电子版约 4 亿字；设置开放式音像资料放映区；开辟与观众互动的电子平台——中国近现代史和文史资料知识问答。

预展期间，请全国政协机关领导和地方政协同志参观视察，提出意见建议；邀请专委九局、文史出版社全体人员现场"挑毛病"、找问题。9 月 10 日上午，展览顺利通过了由全国政协办公厅领导和各专委会领导以及专家委员组成的检查团的检查验收，并如期将展览以及所有文物、文献资料等移交中国政协文史馆。

在筹备展览工作的同时，我们还积极从各地方政协为文史馆征集馆藏图书 4000 余册，整理库存图书 3 万余册，截至移交日，共征集整理各种资料、图书达 4 万余册。

需要特别提出的是，全国政协领导对办好"人民政协文史资料展"高度重视，贾庆林主席在百忙之中专门安排时间接受采访，为展览录制专题访谈短片，亲切询问展览工作情况，这是对我们极大的鼓励与支持；王刚、张梅颖、钱运录、郑万通副主席，欣然接受采访安排，专门为展览录制访谈短片；钱运录副主席兼秘书长还就展览陈列方案起草修改工作作出明确批示，主持召开第 40 次秘书长办公会审查展览方案。各级领导的关怀对我们办好展览起到了重要的鼓励与推动作用。

二是通过筹备文史资料展，进一步加深了对人民政协文史资料工作的学习理解，体会收获颇丰。

首先，思想认识明确、高度重视是办好展览的重要前提。筹备工作伊始，我们就召开专门会议进行学习动员，深刻领会全国政协主席会议精神和有关领导的重要指示精神，明确办好文史资料展的重要意义，切实把思想统一到全国政协领导和党组的要求上来。我个人还利用一个多月时间加班加点学习研究了文史资料学概论，给自己实施了一次快速充电，为完成工作任务打下了良好基础。

其次，精心策划，下功夫写好陈列方案是办好展览的关键环节。主要做了以下几项工作：一是先后召开全国地方政协文史办主任座谈会、机关老文史工作者座谈会、各民主党派和工商联宣传处长座谈会，倾听民智，博采众长，为撰写大纲谋篇布局打基础。邀请天津博物馆和中国人民革命军事博物馆两名有经验的展览界专家与我们一起研究思路，为起草方案做了必要的铺垫。二是到国家博物馆参观"复兴之路展"，学习先进表现手段，开阔眼界。三是注意发挥集体智慧搭建方案提纲，比如，两位副组长在确定方案、撰写提纲时思路有所不同，大家广开言路，民主酝酿，集体抉择，顺利完成了提纲的拟定。四是积极听取有关领导、专家意见建议，及时修改完善方案。方案初稿形成后，及时请示全国政协领导并在第一时间向各位副秘书长、驻会副主任、各专委会办公室、文史出版社等征求意见；召开有 8 名委员专家参加的意见听取会。在此基础上，我们反复认真研究每一条意见，对稿子作了 80 多处修改，在 2012 年 2 月 14 日第 40 次秘书长办公会议上，方案顺利通过审查。

在撰写陈列方案过程中，卞晋平副主任与大家一起研讨思路，亲自修改文稿，对方案的顺利完成起到了重要的作用。韩淑芳同志妥善协调出版社与展览筹备组工作，出书、办展两不误。方兆麟同志充分发挥专家型老文史工作者的作用，工作不分分内分外，积极出主意，想办法；家住天津，两头奔波，随叫随到，白天和大家一起研究问题，晚上通宵加班写提纲，为大家树立了学习榜样。

撰写陈列方案的过程，既是一次愉快合作、研究工作的过程，又是一次互相学习提高的过程。正式定稿虽然只有 6 万多字，但经过 7 次集中修改完善，数十次单独文字修改，全部过程稿达到 50 多万字。为准确表述史料时间、地点、人物、故事，许多地方反复调整，取消了又恢复，恢复了再取消，大家不厌其烦，耐心细致处理好每一个环节。经多次报送再修改后，陈列方案于 2012 年 6 月 26 日最终定稿，为正式布展施工提供了准确完整依据。

第三，群策群力，广泛征集各种资料、展品，是丰富展览内容的有力保障。文史资料展筹备初期，全国政协领导就明确强调："展览是文史馆的标志和点睛之笔，是政协工作和文史馆内涵的凝聚精华之作。要通过实物、手稿、图片、书刊、音像等形式，全方位展示全国政协、各民主党派、各地方政协文史资料工作的重要成果。"在开展工作过程中，我们始终注意落实好这一要求，群策群力，发动一切可以发动的力量，依靠群众广泛征集展品、资料，确保具体内容的落实。

征集政协文史资料的特点是不同群体的人们的各抒己见，同时是政协有组织有计划进行的。这为展品征集提供了线索，却也是展品征集的难点。主要是史料时间跨度长、保存不全等问题严重，而且征集联系范围比较广，汇总难度大，史料总量庞大。为保证效果，我们采取定向征集、分片包干、专人负责的办法，确定曾小丹等 6 名同志定向联络 31 个省及 15 个副省级市政协文史委员会，以及各党派、工商联。反复联系报送文史资料工作代表性案例展品，反复核实相关地方文史工作的详细信息。凡是展览方案上提到的事件、会议、图书等相关展品，都责任到人，专人督办，每周召开例会检查征集进度。2011 年 10 月至 11 月，对于部分提供展品不积极的省份，派专人分三路奔赴 6 个省政协，专门向省政协领导传达了全国政协领导对于建设文史馆的工作批示以及筹办展览的重要意义，有力推动了征集工作的落实。在征集单位展品的同时，还指定专人联系全国政协多位老文史工作者，发动他们捐献展品及图书。应该说，这个展览的成功，离不开各地政协文史工作者及各民主党派、工商联同志和老文史工作者们的无私奉献。

在征集资料的过程中，全组同志积极动脑筋想办法，克服时间、经费、家庭等许多意想不到的困难和问题，表现出很高的工作热情和高度负责的态度。机关退休干部党德信同志，尽管年事已高，依然积极参与展览筹备工作，为撰写、核实有关史料提供了许多准确信息，无偿提供了多幅文史专员和文史工作老照片，为办好这次展览作出了无私奉献。

第四，认真组织，科学布展，精雕细刻，是向观众交出合格答卷的重要步骤。人民政协文史资料工作已经走过了半个多世纪的历程，要把半个多世纪的巨大成果在一个展览中展现出来，既需要智慧，又要有较强的组织协调能力与执行力。展览筹备组从一开始便确立了严密的管理机制，对每项工作环节都制定标准和要求，大家各负其责，既分工明确，又互相协作，体现了良好的团队精神。特别是 2012 年 7 月底 8 月初现场布展期间，场馆装修没有完工，加之天气炎热，室内没有空调，气味较大，在这种情况下，没有一人退缩，全身心投入到紧张的布展工作中，加班加点认真核对展墙上的图片、文字、多媒体资料；冒着酷暑搬运图书，分类挑选、摆放上架，在规定时限圆满完成布展任务。9 月 10 日，全国政协副秘书长、专委会副主任等领导到展厅仔细审看了全部内容，并给予充分肯定。9 月 21 日上午，中国政协文史馆如期举行了隆重的开馆仪式，贾庆林主席、参加开馆仪式的全国政协副主席以及有关嘉宾和专家学者参观了"人民政协文史资料展"，并给予高度评价。

筹建天津政协文史馆琐忆

方兆麟 *

一 于无处起步

人民政协筹建文史馆，最初是由第十届全国政协文史和学习委员会主任王蒙先生提出来的。他说，数十年来从全国到地方政协征集了大量的文史资料，这些珍贵的"三亲"史料是研究中国近现代史的宝库，在"存史、资政、团结、育人"方面发挥了重要作用。全国政协应该建一座文史馆，一方面，将全国政协及地方各级政协所征集的文史资料原稿及出版物，全部集中到政协文史馆中，永久保存；另一方面，向全社会宣传人民政协的工作，展示人民政协数十年来在我国民主政治等各项建设中所发挥的独特作用。王蒙先生的建议得到全国政协领导的高度重视，经多次认真研究最终批准了这个具有开创意义的建议，并定名为"中国政协文史馆"。

2010 年下半年，全国政协筹建中国政协文史馆的消息一经传出，在各地引起了很大反响，但由于没有先例，各地方政协对筹建政协文史馆

＊ 方兆麟，天津市政协文史资料委员会原专职副主任。

的意义、作用等在认识上一时不甚明确，因此多采取观望态度。时任天津市政协主席的邢元敏，敏锐地认识到，筹建政协文史馆就是要以文史资料这种方式把人民政协发展的历史记录下来，成为政协委员、各民主党派和人民团体及全社会了解政协工作的重要平台，并将人民政协的优良工作作风传承下去，这是人民政协前所未有、具有开创性的工作。因此，他马上要求天津政协文史委考虑如何筹建天津政协文史馆，并要求尽快拿出初步方案。他甚至数次在政协主席办公会和常委会上点名文史委要抓紧考虑。

天津政协文史委根据领导要求也研究过几次，但感觉筹建文史馆难度太大。首先，如何解决馆址"硬件"就是一件很难的事，馆址解决不了建馆方案也无从下手。我们向领导汇报时提出了这个问题。元敏主席说："馆址问题不是你们考虑的，你们尽快把文史馆功能、作用和所需条件写个方案。"2011年初夏，我应国家文物学会之邀去山东参加大运河画册编辑会，其间参观了微山县政协所办的文史馆。虽然这个馆展陈基本上是地方史志、民俗方面的内容，但一个县政协当时能办起这样一个馆也确实了不起，而且名字就是"文史馆"，这引起了我的兴趣，立即向县政协要了一些建馆方面的相关资料。回到天津后，我将微山县政协创办文史馆的情况向元敏主席作了书面汇报，元敏主席看后要求我们也尽快拿出一个全面设想方案，以便领导研究。

2011年是我退休之年，按规定，到10月我生日过后就要办理退休手续了。就在此时，全国政协办公厅给天津市政协办公厅发来借调函，要我到北京参与全国政协文史馆筹建工作，为期一年。当时，中国政协文史馆筹建办已开始筹划文史馆两个重要的基本陈列设计方案，并组成了两个展览设计组："人民政协光辉历程展"由全国政协办公厅研究室巡视员杜亚力牵头展陈设计工作；"人民政协文史资料展"由全国政协文史委办公室巡视员赵东胜牵头展陈设计工作。两个展览的筹备设计工作由时任全国政协文史和学习委员会驻会副主任卞晋平负总责。卞晋平曾担任过全国政协办公厅研究室主任、副秘书长等职，不但熟悉政协工作，而且对政协理论有很深的研究。因工作关系，我与他接触较多，在共同编撰《文史资料学概论》一书时，我俩经常一起字斟句酌地深入研讨一些理论问题，我从中获益匪浅。

元敏主席在借调函上作了几点批示，其中一点是要我借这个机会学习全国政协办馆经验，回津后筹建天津政协文史馆，并要求政协办公厅与市委组织部协商，延缓我的退休时间。直到转年 2 月，我才正式办理退休手续，但领导要求暂时先不公布，并要求我为筹建天津政协文史馆继续做义务奉献，还特别说明这是党员领导干部应尽的责任。话说到如此这般，我个人还能说什么，好在"无私奉献"这几个字早已深深刻在我们这一代人心中。我在协助全国政协筹办展览期间，同时还兼顾天津政协文史馆筹建工作，两地往返，两馆筹建交替进行。

7 月初，我到中国政协文史馆筹建办报到，我的任务是到"人民政协文史资料展"协助组长赵东胜做好展陈设计各项工作。欢迎会上，卞晋平主任特意说明，全国 30 多个省级政协，但我们只抽调了天津政协方兆麟一人来协助工作，是因为他对政协文史工作非常熟悉，我相信他会为办好文史资料展览毫无保留地贡献自己的智慧。在了解工作情况后，东胜同志问我先从哪项工作入手，我说立即着手向全国各省、自治区、直辖市和副省级政协文史委征集展览所需资料。随后，我草拟了《关于征求"人民政协文史资料展"办展建议和征集相关展品的通知》，要求各地方政协就如何办好文史资料展提出意见建议，同时准备提供展览所需的相关资料和展品，并提出将在近期召开相关会议，通报情况，听取建议，推动办展工作。这项工作以及紧随其后的全国文史办主任会议准备工作都在东胜同志具体领导下落到实处。东胜同志是转业军人，做事有板有眼，雷厉风行，我们相处配合非常密切，工作得心应手。

二 邓大姐的专车

在全国政协工作期间，有一天与杜亚力闲聊，他问我天津政协是否有意建文史馆。我说，当然有意，而且已开始筹建。他说，那你们应该把邓颖超主席乘坐的专车放到你们文史馆收藏，因为邓大姐跟天津很有渊源，关系密切。老杜这番话一下提醒了我，我忙问，车现在在哪？他说，前些年拉到北戴河培训中心去了，现在在哪就不知道了。他这么一说令我想起，大约是 1994 年我在北戴河参加政协干部培训班时，有一天看见一辆大红旗轿车开进培训中心院里，有人说这是邓主席用过的专车，刚从北京开过来，于是好些人围上前观看。我对老杜说，谢谢，我有数了。

回到天津，我就向元敏主席汇报了这件事，并说得想办法把这辆车弄过来。元敏主席说，这是好事，让我们先想法去办，遇到问题跟他说。这事说起来容易，真要做起来难度不小，如果政协不出面很难搞定。但秘书长说，领导不是让你放手去办了吗，你就先去办吧，有问题再说。我真是给自己"找事"了。但话已说出口，只好自己想辙了。

北戴河全国政协干部培训中心我去过多次，与一些人关系处得不错，但很多年过去了，不知还有没有认识的人。于是我问了一下曾在那里任过职的朋友，得知行政管理处陆处长是老人，并说我肯定认识。听名字很耳熟，但一时想不起他的模样了。于是，我先给陆处长打了个电话，说明了来意。他热情地说：你来吧，这事好商量。我心顿时热了起来，立马向办公厅打好招呼驱车前往。

到了北戴河见到陆处长，果然认识，没想到他已从车队队长提拔为处长了。陆处长告诉我，车现在被一位老爷车收藏家借用做展览了，但产权还是咱们的。我忙问车现在在哪里。陆处长打电话问了一下，说车目前在北戴河，刚在东北展完拉回来，但那位收藏家没在家。我一听就请陆处长马上带我先去看车，经验告诉我此类事不能有丝毫犹豫，也许稍有耽搁就有变故。我们立即赶到存放专车的地方，这位收藏家专门盖了一排房子来摆放一些比较有价值的老爷车。我看到这辆大红旗，喜出望外，四个轮胎还是当年我看到的检阅车轮胎，但车身有些地方漆皮已脱落了。陆处长告诉我，这辆车现在还能开，漆面也可以修补，做展览用没有任何问题。他还说，因车辆权属目前还归全国政协机关事务管理局，你们得跟他们说一声，他们同意后，你们什么时候提车我会全力配合，有什么要求也可以提出来。陆处长真不愧是老朋友了，办事爽快，很让我感动。

我回津后即向秘书长汇报了看车的情况，并请政协办公厅尽快与全国政协办公厅协商，把该车调拨给天津政协文史馆收藏。不久，元敏主席在一次适当的机会向全国政协有关领导提及此事，但得到的信息是不可能调拨给我们。于是我向秘书长建议，向全国政协正式函商"借展"。最终，全国政协同意将该车借给天津政协文史馆作展览使用。

全国政协同意后，我又专程去了一次北戴河，与陆处长商量一些具体事宜，包括车漆修补、个别零件更换以及提车安排等。天津政协也为提车做了专门安排，要求市交管局做好交通疏导，以保证车辆顺畅运抵政协俱乐部地下室。提车那天，我随时与陆处长保持联系，并乘坐交管局警车专门到唐津高速路出口等候。天擦黑时，一辆拖车载着邓大姐的专车开过来了。我与陆处长一行简单问候后，便在两辆警车的引导下向市政协开去。此时市内正是下班高峰时间，要在平日我们这样的小车队想顺利行进是非常困难的。但那天有市交管局的保驾护航，走起来却一路畅通。同车的交管局一位处长告诉我，按领导下达的任务，那天是按一级警卫部署的。我这才注意到，我们这个小车队完全是在主道路上行进的，而且所有的车辆一律避让。我看到道路一侧避让车辆的司机和乘客都在默默地注视着我们的车队通过，似乎他们知道拖车上载着的是天津人民非常敬重的邓大姐生前乘坐过的专车，当时的场面令我非常感动，更令人难忘。

现在每当我去政协文史馆看到人们在这辆车旁边留影时，都会自豪地想起"借用"这辆专车的经过，每一个细节都会在我脑海中闪现。这辆车可以说是镇馆之宝，如果给它定文物级别，毫无疑问会定为一级文物。

三　甘苦寸心知

在协助全国政协筹办文史馆展览的同时，天津政协文史馆的筹建工作我也在按部就班地推动。经过多次调研和向市档案局、图书馆、博物馆等方面经验丰富的政协委员、专家学者，就政协文史馆的功能定位、机构设置、功能布局等征求意见，于 2011 年 12 月 20 日向政协主席办公会提交了《天津政协文史馆筹建设想建议》。《建议》首先肯定了筹建政协文史馆的重要意义："委员们一致认为政协建立文史馆是一件有利于政协工作长远发展的好事，也是政协重视文化建设的具体体现。文史资料工作在政协工作、统战工作中有着不可替代的重要作用，也是社会主义文化事业的重要组成部分，文史馆的建立既有利于政协文史资料工作的长远发展，为永久保存不可多得的文史资料奠定了良好的物质基础，也是人民政协推动文化大发展大繁荣的具体措施，为政协开展学术研究、文化交流提供了广阔的平台。"《建议》从 10 个方面提出较为详细的具体设想：一、定位与功能；二、业务范围；三、发展方向；四、机构性质（两种性质）；五、机构设置；六、硬件功能；七、楼层使用；八、相应设备配置；九、政协文史馆员与文史专员聘任；十、文史馆与文史资料委员会关系。实际上这也是一份天津政协文史馆筹建与发展的设想蓝图，不追求完全实现，而是为领导们了解筹建文史馆的意义、作用及今后发展提供一个较为全面的参考。与此同时，我听说邢元敏主席已在着手解决文史馆馆址问题，并有了一定的进展。看来天津政协文史馆筹建工作已是箭在弦上了。

2012年春节后，天津政协文史馆筹建工作开始由虚向实，筹建工作已经展开，经领导研究，借鉴全国政协的办法，馆址基建与展馆陈列分别进行。这样，馆址的落实、改造装修由一位副秘书长负责，展陈设计等一些具体工作由我负责。在此期间，我连续上报了5个需要领导批复的请示件，分别是《关于成立政协文史馆展览筹备组的请示》《关于政协文史馆展藏品征集办法的请示》《天津市政协文史馆征集展藏品的通知》《政协文史馆所需设备物品清单的请示》《政协文史馆展览内容初步设想》（展览大纲提纲），但由于当时正赶上政协换届，新老政协领导交替，工作自然也有一个交替过程。所以所报各请示件均无回复，工作搁浅。我当时已到退休时间，是留是走也无消息，所以只好等待。但在未接到退休通知之前，我依然在为收集资料而忙碌。这期间，因种种原因，在文史馆筹建问题上出现了一些不应有的杂音，加之有些人得知我已办理退休手续，对推动工作产生了一些不利影响。所以我想尽快摆脱这种状况，退出江湖。

5月初，我又提交了《关于文史馆布展进度情况汇报》，除汇报进度外，主要对一些尚没有确定但又需要领导尽快明确的问题提出一些建议。首先，如展览性质的定位，即是长期展还是临时展。因性质不一样，展览设计、展区面积、展线长度、资金投入等一系列问题都不一样。我建议这个展览作为反映天津政协和统一战线发展历程的展览，应该是一个长期固定的基本陈列展，它既是向人们展示、宣传天津政协与统一战线的发展历程和成就，同时也是进行人民政协、统一战线教育的展览，因此这个问题需要尽快明确。随之而来的是展览面积与展览内容的问题，以及文史馆建成后收藏、研究、展示、交流功能的发挥问题。同时在汇报中也提出请领导尽快批复已上报的征集展品通知、征集办法、展览内容框架和成立展览筹备组建议的几个请示件，以保证筹备工作能如期顺利开展。但工作并不是一帆风顺的，我当时几乎是在无助状态下单枪匹马前行的。

直到 5 月中旬后，天津市第十三届政协主席何立峰才抽出时间听取文史馆筹备情况汇报。他听说我已退休后，连声幽默地说："你怎么就退休了呢？你看上去不老嘛，看来我还得叫你方老了。"我趁机提出找人接替我工作的想法，但他未回应。他在听完我们汇报后说换届后之所以没马上听你们汇报，把这项工作放在最后听，是因为我一直在考虑上届领导为什么把文史馆建设看得这么重要，是因为这是政协工作发展的需要，文史馆不仅是发挥政协团结、广交朋友和文化建设的重要平台，而且是传承政协优良传统的需要，是传承政协薪火的需要。最后立峰主席明确指示，已选定的文史馆馆址全部用来做文史馆，其他无关的事情一律不能进去。一定要把天津政协文史馆建成全国先进、省级一流的馆，争取第一！立峰主席的话给了我很大的鼓舞，令我鼓足勇气继续完成文史馆筹建任务。

此时，中国政协文史馆文史资料展的展陈大纲也已完成，并开始着手准备布展。赵东胜同志根据我的建议，亲自对展厅面积做了测量，我们见面后在平面图上根据展陈大纲对展线设计做了初步划分。令人可喜的是，根据展陈大纲收集所需资料时，在政协档案资料中查找到很多意想不到的资料，如邓颖超主席亲笔写的从广西到天津以及在天津生活、学习和参加革命活动的史料，非常珍贵。还有早期文史资料工作一些珍贵手稿等，使文史资料展内容和档次都得到很大提升。2012 年 9 月，中国政协文史馆开幕后，很多参观者对文史资料展给予很高评价。

天津政协文史馆的馆址装修工作完成后，马上要进入展陈设计和布展工作。但此时又在展厅面积分配、展线设计等方面出现一些不该扯皮的事情，弄得布展设计工作无法进行。不得已，我向立峰主席提出找人接替我的工作。立峰主席立即约我面谈。一见面他非常严肃问我："你为什么总说你已退休要求换人？有什么话你就直接说。"我对立峰主席的工作作风早有耳闻：处理问题果断，不拖泥带水。于是如实汇报了工作情况和我的一些想法，他听后说："我知道了，你先回去吧。"当天晚上我就接到通知：明天早上魏大鹏副主席要到文史馆开会，传达党组意见。大鹏副主席是党组副书记，也是上届政协留任的副主席，文史馆筹建工作从一开始就由他分管，在筹建过程中我们一直配合很好，他对出现的问题也非常了解。

大鹏副主席首先传达了政协党组对文史馆筹建工作人事调整的决定，并宣布从即日起文史馆筹建工作由我负全责。散会后，魏大鹏副主席对我说，这是党组对你的信任，你现在可以放手按你的想法去做了，但有一点要记住，全权负责意味着干好干坏全由你一个人承担。相信你不会辜负组织上对你的期望。当然，我也对党组做出了保证。

后来的工作就一路畅通了，布展的各项工作在政协办公厅和各有关部门的大力支持下，都比较顺利。整个展陈大纲是我根据政协和统战理论及多年来工作实践进行设计的，从历史的高度对天津政协在发展过程中所发挥的作用、取得的成就进行了全面梳理。2014年天津政协文史馆正式开幕，一些业内朋友在参观"天津政协发展历程展"后说，天津各种历史展中，缺的就是社会主义建设部分，而政协这个展览恰恰从另一个角度展示了天津社会主义建设的内容，可以说填补了空白。中国传媒大学一位教授在参观后说，没想到你们这个展览采用了很多多媒体手段进行展示，理念很先进。当然，最令人欣慰的是，天津政协文史馆自开展以来，接待了来自全国各地政协的朋友前来参观，甚至可以用"络绎不绝"来形容。我本人还接到不少省市政协的邀请，希望我能为他们筹建文史馆提供智力支持。可以说实现了立峰主席当时提出的"全国先进、省级一流"的目标。时间过得真快，自开幕至今一晃已过去 10 年了。虽然我在文史馆开幕后不久就彻底退休回家了，但它作为我退休时所画的几个圆满句号之一，在回忆往事时，我常会想到奥斯特洛夫斯基说的那句话："当他回首往事的时候，不因虚度年华而悔恨，也不因碌碌无为而羞耻。"这也许也是一种内心的满足吧。

使命与责任

——河北省政协发展历程展厅建设亲历记

柏学聚 *

河北省政协文史馆的河北省政协发展历程展厅，肇建于 2019 年，建筑面积仅 240 多平方米，与省级政协同类别主题展厅比较，可谓"斗室"。但这"斗室"之中，却是大有乾坤。它巧妙地设计了 116 米展线，图文板展、实物柜展、音像视频、电子浏览等一应俱全，展示了人民政协在河北 70 余年实践的独特点、闪光点、动人点。如今，它已成为全省政协学习教育基地，也吸引了全国各地政协大量同仁前来参观，广获好评。

5 年前，我有幸全程参与这个展览的筹办。而今，忆及那时筹展团队担负使命、履行责任、艰辛紧张的工作情形，竟觉如诗如歌，有颇多感奋、颇多自豪，值得回味。

一　省政协决定举办庆祝新中国 70 华诞展览

2019 年是新中国建立 70 周年，人民政协成立 70 周年。为搞好庆祝活动，河北省政协党组决定搞一个反映省政协发展历程的展览。

---

　* 柏学聚，河北省政协办公厅信息处处长、一级调研员。

3月18日，办公厅副巡视员陆岭找到我，说秘书长陈书增同志很重视这个展览，已经开会明确由马誉辉副秘书长牵头组织筹备展览，由他协助马誉辉同志工作。他说目前正进行筹备办公室人员选定，希望我进入筹备办，负责展纲规划设计和起草，协调日常事务。

当时我是办公厅宣传处的调研员，主要负责政协新闻宣传工作。参加工作30年，有近20年在宣传、组织部门从事文字工作，曾有过办展览的实操经历；到省政协工作10年中，对政协历史和河北省政协的发展情况，也有系统了解。我认为办这个展览是一件非常有意义的事，就痛快答应了。

当天下午，我就跟陆岭同志向马誉辉副秘书长领受任务。他了解我的情况后，开门见山地说："办好这个展览，是一项严肃的政治任务，责任重大。由于这样的展览在省政协历史上还是首次，没有先例可循，必须多动脑筋、下大功夫。眼前要做的，是尽快拿出一套工作方案，把工作思路、任务安排理清，把工作队伍建好。接下来，再进行展览大纲起草、展厅设计等工作。"

按照马誉辉同志提出的任务要求，我认真搜集参考有关资料，于3月20日形成了筹展工作方案草案。此方案较为详尽地提出展览主旨、主题、内容框架，以及工作环节、步骤、时限、保障措施、责任分工等，经陈书增、马誉辉同志审改定稿后，于3月22日呈报省政协党组领导。党组书记、主席叶冬松肯定了工作方案，批示"抓得紧，抓得实"。党组副书记、副主席沈小平支持方案设计，"建议同时编制预算，落实资金来源"。

方案通过当天，筹展办专职人员就配齐了，马誉辉同志给我们召开了第一次全体动员会。3月26日，集中办公，正式启动筹展工作。

二　小团队引导"大兵团作战"

　　鉴于当时省政协尚无文史馆建制，筹展牵头领导和协助领导是党组指定的，工作人员从机关不同部门选择抽调。抽调人员，要求与原岗位工作暂时脱钩，专司筹展，成为筹展专职人员。筹展办组建起来后共5名同志，除牵头的副秘书长马誉辉外，其余4人为专职人员，分别是陆岭同志和我以及文史委办公室的肖洁、机关党委的伊新双。

　　5个人的小团队，是很好的组合。马誉辉同志长期在省委办公厅工作，政治水平高，理论素养深厚，眼界宽，虑事周，统筹能力强。陆岭同志是军转干部，长期在政协办公厅联络、宣传岗位工作，大局意识强，办事有执行力，联络协调有一套。肖洁、伊新双同志，都是近几年遴选进入省政协的女青年干部，年轻有活力，思维活跃，办事利落，被安排重点负责资料搜集、整理以及相关联络等工作。

　　筹展办组建后，立即按照工作方案，梳理工作，进行任务分解，提出9月下旬实现布展的步骤计划。此时距布展仅有6个月，对于办好这样一个展览来说，时间并不宽裕。为加快推进工作，我们研究提出了展纲起草、搜集资料、展厅设计三项工作同步推进的办法。随即，各项工作紧张而有序地开展起来。

　　我利用过去掌握的省政协发展历史研究成果和记录资料，参照网上搜集的北京、陕西等兄弟省市政协同类展览资料，突击半月时间，形成了"河北省政协发展历程展"大纲草案。该草案1.9万字，以"初心·使命"为主题命名展览，贯穿省政协发展各阶段履职奋斗的史实、事迹，并突出了河北政协独有的特点。虽然草案多有粗疏，但为逐步形成完善的展览大纲提供了基础和"靶子"，也为搜集素材资料提供了基本方向和思路。

搜集资料、整理资料、研究资料，是筹展初期的重头大戏。筹展办集中办公的第二天，就向各市政协、省各民主党派和工商联、省政协离退休人员和往届省政协委员，发出600余份《河北省政协发展历程展征集展品资料的函》，提出征集要求和奖励措施；在省政协内部20多个部门，每部门明确一名青年干部作为筹展联络员，负责搜集近两届省政协期间本部门的文献资料。为把有价值的原始资料较为齐全地挖掘出来，我们把省政协的机关档案室、文史委、研究室、《乡音》杂志社，以及省档案馆、省委党史研究室、省方志办、省图书馆、河北日报社、河北广播电视台、河北画报社等单位，作为查找资料的重点，实行筹展办专职人员与部门联络员"专兼结合"的方式，分10组分头搜集。

一时间，出现了筹展办这个小团队带动起"大兵团作战"的局面。早晨，各重点搜集地早早出现了省政协资料搜集小组同志们的身影；晚上，各类文字、图片、实物等资料，从不同渠道纷至沓来……

经过10个小组一个多月有针对性地收集资料，共获得有价值的素材资料6900余件，其中文字资料3751份，各类图片2576幅，视频影音资料356件，以及一批实物资料。丰硕的资料收获，为我们厘清省政协历史发展细节、完善展纲、推进工作，提供了有力支撑。

三 耐住性子追求"高、精、特"

筹展一开始，我们就定下了办展质量目标：政治上体现高站位，艺术上展现精妙处，内容上反映河北特色。为此，工作中一向急性子的马誉辉同志告诫大家，一定耐住性子下苦功，发扬工匠精神，在展纲、展板设计上精雕细琢，多听各方专家意见，采纳合理化建议，不怕反复，只求质量。

时间进入6月，经过十几次不间断调整优化，形成了展纲征求意见稿。6 月 11 日，邀请省政协有关部门领导、退休老干部和有关专家进行研讨论证。之后，我们积极吸收领导和专家意见建议，进一步做优化展纲的工作。

与此同时，我们引进了专业公司，根据展场实际和初步定型的展纲，提前介入展板展线规划设计，实时呈现展纲落实和调整的平面效果、立体效果。

7 月 25 日，展纲及设计效果图提交省政协庆祝新中国成立 70 周年筹备工作调度会讨论。大家对展览主题主线、阶段分期、内容布局等给予肯定性评价，也提出不少有价值的意见建议。再次修改后，于 8 月 2 日，提交省政协主席会议成员审阅，并征求各专委会意见。

为对标中国政协文史馆"人民政协光辉历程展"，8 月 29 日，马誉辉同志带领筹展办全体人员和承展公司技术人员，专程到全国政协参观学习办展经验，拜访全国政协副秘书长刘家强，介绍河北省政协发展历程展筹备情况，听取指导意见。刘家强同志对我们的展纲和效果设计予以肯定，认为主题选择适当，政治性突出，内容安排合理；同时，也对展览文字的写实性、图片选择的典型性等技术问题，给予精细提示。

带着参观学习的收获，我们对展纲和效果设计继续精细打磨。9 月 10 日，陈书增同志主持召开第二次展览大纲评审会，参加评审的有中共统战史研究专家、政协文史专家、政协理论研究专家、参加过西柏坡展馆策划组织工作的领导，以及编撰过河北省政协志、政协年鉴的主要人员。这次评审，提出的意见实在、具体，也都是技术层面的：一是有些文字表述需进一步精修，二是有的图片选择不精当，三是展览结构需局部调整，四是展板色调设计需要改进。

反复地研究讨论，不厌其烦地修改加工，为的是最终能高质量呈现展览。因而，这种反复提升的耐力贯穿实际布展的全过程，直至展览正式开幕。

11 月 12 日，省政协十二届常委会十一次会议召开，"河北省政协发展历程展"首次开放，省政协领导班子全体成员和与会的 150 余名常委、委员集体参观。当看到一位位参观者专注的神情，听到他们与讲解员充满兴趣的交流以及对展览的赞誉话语，筹展办的同事们半年多来悬着的心终于放下了，大家不禁额手相庆"成啦""妥啦"！

2019 年底，"河北省政协发展历程展"展厅建成后，筹展办解散，经机关党组批准，展厅作为长期固定设施，交由机关党委管理。

四 冒着疫情阴霾再出发

转头到了 2020 年。这年是河北省政协成立 70 周年，省政协谋划了几项庆祝活动，其中包括进一步丰富、完善和提升"河北省政协发展历程展"，并成立了秘书长陈书增为组长、马誉辉和办公厅二级巡视员甄敏才为副组长的专门领导小组。

领导小组提出，鉴于现有展览已比较成熟，不另起炉灶，不作大的调整，重点在进一步突出河北政协特色下功夫，在增厚度、丰富实物内容上做文章。

于是，解散的筹展办再次恢复起来，基本还是原班人马，只是陆岭同志已退休，由甄敏才同志接替他的工作。

从无到有，难！从有到优，也不易！围绕落实党组关于展览提升的要求，马誉辉同志组织我们深入细致分析已有展览情况，确定了增删内容、调整方式、实现路径等，形成了可行方案。

然而此时，新冠肺炎疫情暴发，并向全国蔓延，各地陆续采取疫情封控措施。这给我们办展带来了巨大困难。想进一步搜集资料，档案馆、图书馆等单位暂不开放，可能存有资料的相关单位不接待来人；想集体办公、一起研究工作，疫情防控规定不可聚集活动；多方联系征集到的资料，持有人想邮寄过来，还碰上断邮延迟；请设计施工公司到现场沟通展场布局调整，他们的员工却被封控不能出门。

面对如此困境，我们推出了一系列非常规应对措施，如：在办公运转方面，以电话沟通、视频连线、网上传输的方式，商讨问题、调度工作、办理文件；在资料搜集方面，研究展览提升所需，列出重点补充资料范围，从原 20 多名联络员中选择 6 名精干人员，抢抓间断出现的疫情平稳期，集中力量到有关单位突击搜集；在展陈设计方面，实行直接调整布展效果图，略去修改布展大纲环节，提高工作效率。

领导同志想在先、干在前，想方设法推进任务落实。马誉辉同志不仅在谋划研究工作上殚精竭虑，还发挥在省直部门工作多年、认识老同志多的优势，积极联系多个老干部提供珍藏照片、图书等资料。甄敏才同志曾是军医，还担任过接待处长，沉稳严谨，细密多智，提出不少好点子，他带领工作人员在陵园墓碑上找到了一幅久寻未果的政协人物照片。

在领导的带动下，大家团结拼搏，迎难而上。魏鹏同志是从提案委选拔的联络员，分工负责省政协早期档案文献的搜集。疫情下，省档案馆闭馆，他天天打电话给借阅处负责人，了解开馆信息。得到档案馆将限规模开放查阅信息，次日早上，还未到上班时间，他带领伙伴们早已等在档案馆门口。之后连续 5 天，从开馆到闭馆，他阅卷、选择、拍照、复制，分秒必争，连午饭都顾不上吃，最终带回了一批珍贵资料。像魏鹏一样，来自机关不同部门的孙志军、曹迎春、柳永霞、樊湘友等同志，都以高度负责的精神，克服各种困难，从相关单位档案部门取得所需资料。

与疫情打穿插，我们还实现了到老省会保定搜寻省政协资料、办公旧址的计划，并学到该市人大机关同类展览的设计亮点。

在 2020 年展览提升工作中，新增展览素材资料 1800 多件，其中文件档案类 468 份，报刊报道类 76 份，视频 34 段，图片 1151 张，实物 72 件。经甄别、筛选，47 份文字资料、36 张图片、13 段视频、10 件实物，进入了展陈设计，使调整后的展览大增其色。

2020 年 11 月 8 日，省政协成立日，提升后的"河北省政协发展历程展"如期亮相，为省政协成立 70 周年献上一份厚礼，为新时代省政协事业发展提供了一座"精神加油站"。

斗转星移，五年如瞬间，展厅安然迎接着每一位造访者。我相信，它会变得越来越好！

内蒙古自治区政协文史馆建设工作纪实

邢泰 *

2024 年 1 月 25 日，一座崭新的省（区）级政协文史馆正式运行。

在这座文史馆中，自治区政协全面回顾了在中国共产党的坚强领导下近 70 年的光辉历程，生动展示了在贯彻铸牢中华民族共同体意识工作主线方面尽责发力的显著成效，充分展现了广大政协委员建言献策的亮丽风采，使人民政协在内蒙古建设、改革、发展过程中的重要作用可知、可感。

这就是内蒙古自治区政协文史馆，也是全区第一批铸牢中华民族共同体意识教育实践基地。

一　高位推动　科学谋划

文史馆筹建工作于 2021 年 11 月启动，2022 年 2 月立项。2023 年初换届以来，自治区十三届政协接续奋斗，把文史馆建设作为履职首年的一项重要工作。

2023 年 4 月 10 日，自治区十三届政协第 5 次主席会议研究通过了"内蒙古自治区政协光辉历程展"大纲。"我们今天研究了一件大事"，自

---

　* 邢泰，内蒙古自治区政协文化文史和学习委员会办公室干部。

治区政协主席张延昆对文史馆建设工作高度重视，他指出，要把政协文史馆打造成贯彻落实习近平总书记关于加强和改进人民政协工作的重要思想、履职实践的重要阵地，教育引导全区各族各界坚持党的领导、坚持大团结大联合的重要载体，宣传政协工作的重要平台。这次会议召开两天后，以张延昆主席为组长，魏国楠副主席为常务副组长，杨利民秘书长为副组长，办公厅、文化文史和学习委员会负责同志为成员的文史馆规划建设领导小组正式成立。领导小组下设综合协调（内设办公室）、资料收集、展陈大纲、设计施工、运营工作组。

2023年6月2日，自治区十三届政协第7次主席会议研究通过了《内蒙古自治区政协光辉历程展演示稿》。这次会议提出，要以打造具有政治性、地域性、独特性、数字化的新时代政协文史馆作为建设目标。

筹建期间，魏国楠副主席每月召开1次领导小组会议，统筹调度整体工作，先后制定了《文史馆规划建设工作规则》《布展专项经费管理办法》《展品收集办法》《项目工程组工作办法》《运行管理办法》等多项制度，多次研究讨论设计方案细节，及时解决工作中遇到的各种困难和问题，确保各环节工作及时落实，有效衔接，为文史馆布展工作的有序开展提供了充分保障。

2023年下半年的馆内工程建设启动后，自治区政协主席张延昆，副主席罗志虎、魏国楠，秘书长杨利民多次到现场视察指导工作。随着自治区十三届政协工作不断推进，杨利民秘书长多次审改更新十三届政协的展陈内容，召开调度工作会协调推进建设工作。在各方面的协调配合下，2023年12月11日，主展厅展陈面积1400多平方米，展示图片1500余张、实物200余件、影像15部，拥有大量视频、场景以及现代科技手段的"内蒙古自治区政协光辉历程展"开始试运行。

二　攻坚克难　真抓实干

建设如此高标准、大规模的展陈项目在自治区政协的历史上尚属首次，文史馆的筹建过程倾注了无数人的心血。我有幸参与了工作全程，其中桩桩件件，好似就在昨日。

资料收集是基础性工作，翔实程度直接影响展陈质量。由时任自治区政协副秘书长李相合牵头的资料收集组，奔赴内蒙古东西部地区，如兴安盟、通辽市、赤峰市、锡林郭勒盟、乌兰察布市、包头市、阿拉善盟……还有位于首府呼和浩特的自治区档案馆，自治区党委党史和地方志研究室，内蒙古图书馆、日报社、画报社等单位，广泛开展了资料收集工作。除实地走访外，还通过《内蒙古日报》草原全媒、内蒙古新闻网等媒体，向各界征集展品。自治区政协部分退休干部、在职干部踊跃捐赠展陈资料。在基础资料不多的情况下，通过多管齐下的收集方式为展陈大纲的编纂和展示内容的丰富提供了有力支撑，关于人民政协、"草原英雄小姐妹"等方面的珍贵文献，以及"国歌与内蒙古渊源""国内第一个畜牧业合作社"等亮点展陈就是这样挖掘出来的。

"有时一家单位我们就要跑七八趟，或者联系二三十次，空手而归是难免的，能获得点有用线索就没白来。"从 2022 年 3 月到 2023 年 10 月，李相合副秘书长、社会和法制委员会办公室主任安胜利、文化文史和学习委员会办公室干部王宣荣，以及部分外聘专家和我，陆续奔赴 10 余个盟市、20 余个单位，共收集到 2 万余张照片、200 余条视频、1000 多件实物资料。这背后，是无数恳切的话语与不辞辛劳的步履。

2023 年，大纲组从年初的文案、春季的大纲，到夏季的演示稿、秋季的设计方案、冬季的讲解词，反反复复修改了 30 余轮。

"内蒙古自治区政协光辉历程展"演示稿是一份 280 多页的 PPT，包括 1000 余张图片、8 万余文字。这项工作的完成是布展工作的重要基础，意味着后续设计、施工"有章可依"。

"我感觉这不仅是个专项工作，更像是研究了一个课题"，"现在设计团队可以动手做方案了"，自治区政协副秘书长、办公厅主任姜泰安负责大纲及展陈内容策划，2023 年春节期间，他修改确立了大纲结构。在此基础上，我根据资料填充具体内容，抽调的林西县政协四级调研员蔡富廷提炼重点亮点，并为多个专题内容提出具体思路。3 人每周集中修改、核校 2 到 3 次，反复交换意见。2023 年 8 月至 12 月，在 PPT 演示稿的基础上，姜泰安同志牵头对设计方案进行了十几轮的修改完善，10 月以来每天还至少两次前往施工现场检查展陈形式及效果。同年 10 月起，大纲组制作、剪辑了 15 部视频资料，其中起草了 8 部视频资料的脚本；完成了讲解词的起草、修改等工作，"5 + 2""白 + 黑"的工作模式持续了整年。

在试运行前几月攻坚阶段中，许多人都付出了大量心血。参与资料收集登记以及协调服务工作的王宣荣，起草了历次领导小组会议纪要与各期工作简报等材料，她与我一同全程参与文史馆建设，始终奋战在工作一线。在领导的支持下，从宣教中心临时抽调的几名年轻干部也发挥了积极作用。起草讲解词的李睿琦，认真研究展陈内容，甚至为部分展示细节填补了空缺。联系各盟市政协、各民主党派区委，协助运转文件的张光锋和姚雪纯，反复修改专题内容，多次联系提醒各单位提供、更换内容。承担资料管理、陈列，配合筹办会议等工作的石磊，任劳任怨，认真做好保障工作。大家辛勤付出，保证了文史馆建设如期完工，在共同奋斗的这段难忘经历中，一同解决了许多难题，也得到了历练和成长。

为了解各省、市、自治区政协文史馆，尤其是近年建成的数字化、新技术运用较多的政协文史馆建设情况，2023 年夏，文史馆规划建设领导小组从各工作组中选派骨干人员组成学习考察组，由魏国楠副主席带队先后赴天津、河北、广东、广西等省区市政协文史馆"取经"。

"我们要认真思考,他们的工作经验有哪些能够为我们所用。"考察期间,时任自治区政协文化文史和学习委员会主任傅永春多次说道。考察组每到一处,大家都认真学习观摩,了解内容结构、展陈形式、布展情况、运行机制等,这次调研成果为后续设计施工、运营管理等提供了有力支持。

建成目标的如期实现,既有前期工作的基础,更是项目工程组日夜奋战的努力成果。自治区政协副秘书长傅永文、宣教中心副主任齐向阳带领项目工程组,认真对接内容的制作与修改,他们倒排工期、挂图作战,连续 76 天白天在施工现场督办协调,晚上召开例会调度工作,施工现场最多时有 9 个工种同时作业。项目工程组认真审核了 18 项工艺工序细节,对重点设施重大设备进行询价,完成了清单外和合同约定工程量外的变更项签证工作,组织落实质量分析、预算分析及技术交底等。在时间紧、任务重的情况下,仍然如期完成工程建设,并保障了展陈质量。

三　凸显主题　彰显特色

目前,自治区政协文史馆已接待全国各省、自治区、直辖市政协、全区各级政协组织,以及其他单位 60 余批 1300 余人次,得到各界人士广泛赞誉。2024 年 1 月 25 日,自治区党委书记孙绍骋在政协文史馆调研全面贯彻铸牢中华民族共同体意识主线工作时指出,"要发挥好政协文史馆等平台的作用,密切与各方面的联系,讲好内蒙古故事,展示好内蒙古的形象",对政协文史馆给予了充分肯定。

自治区政协文史馆建成投入使用,是自治区政协历史上浓墨重彩的一笔,其丰富的资料、翔实的事例,生动展示了自治区政协在中国共产党领导下半个多世纪的发展历程。馆内一张张照片记录着协商往事,一件件提案承载着履职情怀，一册册文史资料镌刻着历史印记……

——中国共产党的坚强领导得到有力彰显。人民政协是在中国共产党的领导下建立和发展的。在序厅中，首先映入眼帘的是新中国成立以来，毛泽东、邓小平、江泽民、胡锦涛、习近平五位党和国家领导人对人民政协工作提出的重要要求，为人民政协的发展进步领航把舵。

序厅内的大型浮雕吸引了参观者的目光，这是围绕习近平总书记交给内蒙古的五大任务和全方位建设模范自治区两件大事，根据自治区成立70周年中央代表团赠送的皮雕画《草原歌盛世》，结合内蒙古的区情特色、文化传统进行创作的，生动展示了各族各界大团结、大联合，积极投身内蒙古建设的情景。浮雕中间以天安门来体现中国共产党的领导。

时代呼唤奋斗，奋斗成就梦想。回望来路，步履坚实，硕果累累，展望未来，蓝图已绘，逐梦前行。站在新起点，自治区政协将更加紧密地团结在以习近平同志为核心的党中央周围，高举中国特色社会主义伟大旗帜，坚持铸牢中华民族共同体意识这条主线，牢记人民政协光荣使命，为人民履职、以实干作答、用实绩交卷、靠奋斗出彩，全面提高深度协商互动、意见充分表达、广泛凝聚共识水平，引领广大政协委员和各族各界人士为完成好自治区两件大事、奋力书写中国式现代化内蒙古新篇章作出新的更大贡献！

我所经历的辽宁政协文史馆筹办与展览

李兴泰 *

2019 年 12 月 26 日，"辽宁政协发展历程展"在辽宁政协文史馆开展，标志着文史馆维修改造工程完成并投入使用。在文史馆筹办及展览筹备过程中，我担任省政协文化和文史资料委员会副主任。从文史馆申请立项、馆址选择、功能定位，到展览的策划组织、收集资料、挑选图片、陈设布置等，在筹办的不同阶段、展览的各个环节，我一直参与其中，投入了很多精力，几年后，仍觉值得回味。

一 文史馆筹办过程

中国政协文史馆建成后，一些省、市、县政协也纷纷开始动意建设政协文史馆。2013 年，十一届辽宁省政协开始后不久，夏德仁主席给文化和文史资料委员会主任张凤羽安排了筹办文史馆和书画院的任务。此后几年里，夏主席多次与省政府领导沟通，积极推动，促成了文史馆（书画院）的成立。

接到任务后，我委相继对全国政协和一些地区政协文史馆和书画院

---

* 李兴泰，辽宁省政协机关原一级巡视员。

的情况做了调研、统计，供领导参考。

由于不允许新建楼堂馆所，所以只能从省直腾退的旧公用房屋中选择馆舍，一时找不到合适的，即使有空余的房屋，也要优先解决省委、省政府有关部门办公用房。直到 2015 年以后，陆续有一些新的房源。

2015 年 11 月和 2016 年 2 月，省政协办公厅两次向省政府办公厅送交了《关于支持筹建省政协书画院和文史馆的报告》，申请将原省图书馆（南塔附近）划出约 3000 平方米，供省政协书画院和文史馆使用，并申请拨款 500 万元，用于设备购置和开办费。时任省长陈求发和时任常务副省长谭作钧均批示支持，并责成有关部门办理。2016 年 2 月和 3 月，时任省政府副秘书长李金科和机关事务管理局负责同志等，先后两次到省政协机关，就省政协文史馆（书画院）选址沟通，说明原省图书馆设施老化，需整体修复后才能重新使用；提出省民主党派大楼（在沈阳路）即将搬迁，可辟出部分作为省政协文史馆（书画院）。

2016 年 3 月，负责领导、协调此事的省政协党组成员崔德胜（原秘书长）组织文化文史委委员，研究省民主党派大楼作为省政协文史馆（书画院）的可行性，大家认为可行，并希望将该大楼整体交给省政协。

在此前后，省政协组成考察组，先后考察了广西政协文史馆（书画院）、中国政协文史馆、天津政协文史馆、天津政协书画艺术馆等。经考察、论证后，2016 年 4 月，向省政府办公厅送交了《关于辽宁政协文史馆（书画院）选址的报告》，申请将省民主党派大楼全部作为省政协文史馆（书画院）使用管理。为此，我们专程将该大楼设计图纸借来复制，根据功能需要，对共 6 层楼、使用面积 5010 平方米的大楼使用方案做了细分。此后几个月里，张凤羽主任多次与王大心（时任省政府副秘书长、机关事务管理局局长）沟通，终因省政府对此房有其他考虑而未能落实。

2016 年 8 月，省机关事务管理局领我们看了即将空闲的辽宁人民艺术剧院等单位的办公楼、排练场所等。随后，为尽快落实文史馆（书画院）用房，向省机关事务管理局送交了《关于商定省政协文史馆（书画院）选址问题的函》。函中，我们提出两套选址方案，其中，把辽宁人民艺术剧院办公楼、排练厅作为第一方案，优先考虑；把原省民主党派大楼作为第二方案。两套方案都附注了改造设想和房间用途。2016 年 11 月，应省财政厅要求，提交了第一方案所需费用测算；2017 年 1 月，向省财政厅提供了辽艺办公楼维修改造费用测算和图纸，以及每年运行费用测算。

2017 年 6 月，省长办公会议议定：将原辽宁人民艺术剧院办公楼（在崇山中路），作为省政协文史馆（书画院）用房。8 月，省政府第 137 次常务会议同意将原辽宁人民艺术剧院办公楼作为省政协文史馆（书画院）用房。至此，省政协文史馆（书画院）场所问题终于得到解决。

二　文史馆维修改造

辽宁政协文史馆申请立项时就是与书画院同时提出的，其功能定位主要在以下几个方面：政协历史陈列，文史资料征集、整理、阅览，书画作品展览，委员文化、艺术交流，等等。如能将辽艺办公楼及后身排练厅（建筑面积共 5003 平方米）都交给省政协，则基本上能满足全部业务需要，只给办公楼，则只能满足部分业务需要。

该办公楼整体为字母 E 形状，建于 1951 年，共 2 层，砖木结构，建筑面积 2425 平方米，屋顶为尖坡顶，二楼棚顶为木条抹白灰拌沙封顶装修。省政府定的维修改造费用原则上不超过 100 万元，这笔款怎么用？辽艺搬迁后，我到楼里转了一圈儿，发现二楼棚顶多处漏水，且有一处白灰拌沙掉落砸歪暖气片，存在安全隐患，于是建议先修屋顶。经测算，仅修屋顶就需要 117.7 万元，于 2017 年 9 月报省财政厅。11 月，省财政厅拨放了房屋维修专项经费 94.6 万元。当时已进入冬季，无法施工，且该楼陈旧，需考虑整体维护。

2018年，十二届省政协换届后，戴玉林副主席牵头组织文史馆维修改造事宜。经过专业人员实地勘察，召集委员和专家研究、论证，提出了方案，但限于省内的财政、经济状况，加上省里机构、人事变动，迟迟未能实施。

进入2019年，省政协领导决定加快推进文史馆维修改造与展览进度，年内投入使用，有关部门开始紧锣密鼓地筹备。8月26日，工程建设破土动工。工程建设由办公厅牵头负责，行政处具体负责工程实施的统筹推进、协调联络、现场监督、检查验收等，以及各项建设资金的造价预算、报送审批、招标投标、决算审计、款项支付等。针对工期紧迫、任务艰巨，工程建设期间，办公厅副主任周丽每天会同设计、施工等单位负责同志，着眼工程每一步，绘图纸、定方案，反复推敲，力求完美。由于施工地点处于居民小区院内，为防止出现施工扰民、住户阻拦施工等问题，坚持凡拆墙破壁、噪音较大的施工务必于昼间集中突击完成，坚决不影响居民休息。

从接收文史馆之始，我们就被一个难题困扰着，院中原辽艺职工自行搭建了4间无证平房，属于历史遗留问题，若不能解决，则严重影响文史馆整体改造和使用。行政处苏景波积极主动地与每个违建户稳妥沟通，耐心、细致地动员，中秋节自费买月饼看望他们，使每个违建户主动搬迁，满意离去。

鲁迅美术学院院长李象群教授主持，鲁迅美术学院建筑艺术学院赵春艳教授带领团队，把辽艺这座遗存建筑的重生与活化作为文史馆设计理念。"重生"意味着一个全新的开始，不仅仅是建筑的物质载体，更重要的是赋予新的生命。在本设计中，将原E形建筑的两个尽端处增设了钢构连廊，形成闭环，使空间动线更加完整。原建筑平顶改造成新的坡顶形态，将一层楼板打通，二层屋顶拆除后，重新设计了玻璃穹顶，塑造了建筑竖向空间，形成中庭的空间组织形式。外墙在恢复了原建筑形态与肌理的同时，增加了钢构件作为装饰元素，赋予了沈阳这所工业城市新的气质。"活化"强调的是在保护历史特征的前提下，以创新驱动理念，激活新建筑的内在精神，强调空间新的建构，让使用者融入并参与文化的活态传播。文史馆在展厅设计中采用了多种创新科技手段与交互方式，展示了灵活的视觉语言，让空间在视觉中重生。

辽勤集团建设发展公司在总经理宗立的带领下，经过几个月的连续施工，加班加点，日夜赶工期，完成了多数人认为不可能完成的工作量，后期简直一天一个样，可以称得上是神速，并且馆舍改造和庭院绿化、美化同时进行，同时完工。

改造后的文史馆，馆舍整体呈汉字"日"字形状，中间空地有天井、水池，既美化环境，又能休憩、赏鱼。另外，保留了院内主楼旁辽艺自建的辅助平房，改为报告厅、书画室等。文史馆占地面积6803平方米，主楼建筑面积3367平方米，附属平房建筑面积694平方米，门卫室面积30平方米，库房面积132.5平方米，共计建筑面积4223.5平方米。

文史馆（书画院）设有展览厅、书画室、文史图书阅览室、口述史料采集室、报告厅、多功能厅、会议室、办公室等，可实现当初设想的基本功能。

三 筹备布置展览

文史馆建设的一项重要工作是筹备辽宁政协发展历程展。作为常设展，它全面反映辽宁政协发展的光辉历程，是辽宁政协文史馆的核心内容。

筹备展览的前期准备工作（2月至9月）主要由文化文史委承担。我委于3月起草了展陈筹备工作方案，就展览内容、展品收集、工作进度、展陈费用等提出建议。此后，许波副主席（分管文化文史委）听取了我委王意恒主任和我的进展情况汇报。5月，向各民主党派省委、省工商联、省政协各专委会、各市政协发出征集辽宁政协历史文物的函，随后跟进询问，收集了机关各部门保存的一些实物，并向有关收藏者询问展品线索。友报社拍摄了大量省政协历史照片，7月，经与友报社商议，提出了委托友报社征集整理图片文字资料项目预算，洗印近400幅照片，省政协领导于9月30日初审。7月，我们通过查阅许多资料，结合以前办展经历，借鉴省外展馆经验，研究我省政协历史发展脉络，初步拟出了展览大纲，划分了五个单元及主题，确认每个单元对应的时间段及结构布局。此后，对拟用图片配文字说明，仔细核对，力求准确、简要。

筹备展览的集中处理工作（10月至12月）主要由筹备工作办公室承担。夏德仁主席多次指示，要求高质量做好文史馆维修改造和展陈工作。国庆节后，成立了展览筹备领导小组及其办公室，办公室下设图片组、文物组、文字组、布展组和综合组等5个职能组，各组组长均为省政协机关和专委会副厅级领导，力量得到加强，展筹工作全面提速。戴玉林副主席、许波副主席、李树民秘书长，多次听取筹备工作进展情况汇报，数次赴现场视察文史馆维修改造情况，并提出具体要求；率展筹办公室同志专程赴中国政协文史馆、天津政协文史馆学习考察。夏德仁主席亲自率队到大连政协文史馆进行工作调研，并组织全体机关干部赴文史馆栽植纪念树。省政协党组和主席办公会议听取相关工作汇报，审查、批准文史馆维修改造和展陈方案。

自10月中旬起，时任省政协副秘书长、展览筹备领导小组办公室主任韩文华带领各职能组同志，采取集体办公、联合办公等形式，加班加点工作，重点任务有几项：一是抓紧确定展览内容结构。为此，韩文华和我一起征求了有关方面专家的意见。二是抓紧丰富展出实物和搜集应展重要文献档案，确定了几条重点线索。三是抓紧充实整理照片，写出照片说明。确保每一任省委书记、政协主席都有政协工作照，每一位政协副主席、秘书长都有个人肖像照。四是抓紧序厅展厅设计及布展工作。五是抓紧进行各种文案起草，等等。各项工作基本都是按照倒计时来掌握。职能组抽调的同志都是机关各部门的工作骨干力量，需要本部门工作和展筹工作两兼顾、两不误。展筹办公室的调度会、碰头会，一般都是安排在下班以后召开，及时研究解决各职能组开展工作遇到的问题。最后冲刺阶段，就是在同时间赛跑，各职能组在 10 楼主席会议室连续多次集体办公。会议室就像一个总装车间，对展出的图片一张一张过筛子；对于各种文案包括照片文字说明一句一句推敲；对于展出的文件档案和实物一件一件反复斟酌。大家集思广益，无论是对布展原则、内容结构还是展品取舍、文字提法，都充分发表意见，每次都工作到深夜一两点钟。为了抢工期，在大约两个月的时间里专班人员累计加班达 2700 余小时。

文物组实地查阅了大量与政协有关的历史文件、档案、报纸、图书杂志，着重查询了《政协志》《辽宁政协年鉴》等相关资料，厘清政协重要时间节点、重点人物、有代表性的重要事件及突出工作，筛选出有价值的档案资料进行扫描、复制、做旧。该组组长张艳青（教科卫体委副主任），成员：李刚、孙倩、罗家佳、张洪义、常宇。

图片组与友报社密切配合，对收集到的照片进行分类、细化、梳理、排序，按专题组成板块，反复核对史实，完善照片文字说明。为将历届省政协主席、副主席、秘书长的头像收集齐全，克服了很多困难，有的需要联系一些老领导在海外的亲属，有的甚至追查到殡仪馆。该组组长李兴泰（文化文史委副主任），成员：王濂坤、陈政。

文字组起草并经过反复修改完善，完成了展览前言、后记、每个单元小节的导语等文字材料；认真整理政协机构设置；收集党和国家主要领导人关于人民政协的经典论述。该组组长刘云鹏（研究室副主任），成员：宋雪娜、高威、马一。

布展组坚持维修改造施工与展陈设计同步进行，与鲁迅美术学院和辽勤集团密切协作，按时高质量完成文史馆维修改造、展览设备定制和调试，以及展厅布置等工作。与人民政协报社等部门联系，收集到一些相关的多媒体视频影像资料。该组组长周丽（办公厅副主任），成员：李兴泰、潘喜全、赵春艳、宗立、赵时珊、杨德明、刘军洲、苏景波、梁娜。

综合组积极配合其他职能组做好沟通协调、服务保障和展览讲解等相关会务工作，及时编印、报送了 5 期工作情况专报，认真做好展览工作大事记等。该组组长李晓多（办公厅副主任），成员：邱进、杨春烨、于秉科、李爽。

各组通力配合，拾遗补阙，齐心协力，尤其是在布展的最后几天，大家同时上场，直接粘贴档案文件上展板，摆放展品入展柜，剪辑视频播放电视片，拷贝资料到触摸屏，突击打扫卫生、清洁展室。现场布展的设计安装人员，有的 36 小时连轴转，没有合眼。

参与筹备展览的各位同志，无论与本职工作涉及深浅，都以极大的热情投入其中，想方设法做好工作，有的同志因为在分工专项上有专长而被称代号，如张文物（张艳青）、陈排序（陈政）、高文字（高威）、李讲解（李爽）、罗档案（罗家佳）、苏工程（苏景波），等等。

韩文华作为分工负责的正厅级领导，对文史馆维修改造和筹备展览，调度得当，起到了不可替代的作用，无论是总体把控，还是细节雕琢，都事必躬亲，他不但和大家一起加班到深夜，还自己开车送同事回家。王意恒主任直接联系并赴中央档案馆、省档案馆、省图书馆等单位，查阅、复制了许多有价值的档案资料。张艳青对搜集的文物烂熟于心，查阅、复制、做旧文档亲力亲为。在布展现场，不顾巨大的施工噪声和扬尘，粘贴、摆放文物，连饭都顾不上吃。展出前一天，保洁工作压力巨大，周丽紧急向辽勤集团求援，辽勤集团温建萍董事长亲率旗下友谊宾馆等五大宾馆一把手和部分员工近百人前来支援。展线铺设、展品布置、展厅保洁立体作战，"会战"场景十分壮观。李晓多、刘云鹏在本职工作任务重的情况下，依然拿出精力，积极投入并率各自团队尽心尽责、精益求精地完成分担的工作。陈政在搜集整理图片时做了大量细致的工作，在校对整个设计版图时，由于连续长时间观看电脑屏幕，导致脖筋扭伤，只能偏向一个方向看画面，即使这样也不停歇；担任讲解员时，掌握史料充分，讲解故事性很强。李爽随时掌握进展情况，在综合筹备工作专报材料的同时，自己编撰解说词并背诵下来，开展后几次重要讲解，有声有色，受到省政协领导肯定。高威为了准确撰写展览文字说明，翻阅了许多资料，对大家提出的修改意见，利用休息时间，反复推敲，快速处理完毕。罗家佳对所需的档案材料，想方设法查找，第一时间复制，不厌其烦。孙倩动员第一至五届省政协秘书长、第三至五届省政协副主席章岩同志家属，将章岩同志当年的笔记本作为文物陈列，她虽然即将退休，仍一丝不苟地在布展现场忙碌。筹备展览的最后两个多月，是我参加工作最紧张的一段时间。为了赶进度，我同张艳青、陈政到竖人设计公司，在专用电脑上核对、调整图片结构、布局。当时正值冬季，也许是注意力高度集中的缘故，我的一条腿不争气地疼了四五天，走路都费劲，但咬牙坚持住了。摄影家肖海铃大力协助，提供多年保存的照片并帮助挑选。赵春艳、赵时珊、杨德明等鲁美专家以其专业眼光，精心设计，为展览提升档次、增色添彩。收藏家詹洪阁为展览提供了独到珍藏。

整个展览按照时间顺序排列，参照中共历史时期划分，将五个单元调整为四个单元：一是聚贤归心、共图大业（1948.5—1949.10），说明政协的由来和作用，从"五一口号"发布，到人民政协成立、新中国成立，大批民主人士由香港北上，到达东北解放区，筹备新政协、协商建国，选用了不少周海婴先生北上和在辽宁拍摄的珍贵历史照片。二是同舟共济、夯实基础（1949.10—1977.12），展现了从两省五市各界人民代表会议协商委员会到辽宁省政协成立至第三届辽宁省政协的过程和工作。三是汇聚力量、助力发展（1977.12—2013.1），为第四届至第十届辽宁省政协历史。四是锚定使命、谱写新篇（2013.1—今），为第十一届辽宁省政协至第十二届辽宁省政协前两年历史。我们特别注意展览的主体是政协，所以，从主题确定，到内容安排、文字说明，都是从主体角度出发，如实表述。我们对展览的总体布局、政治站位、史实准确、重点突出、资料运用、画面美化等方面都有相应的考虑。由于时间、空间、经费以及资料限制，还有改进余地。比如，挖掘有重要价值的文物充实展览，增强说服力；采用声光电多媒体及模拟等手段，增强表现力；仔细推敲讲解词，培训讲解人员，增强感染力。另外，每一届、每一年，政协的工作方向、内容都大体相似，在展现时如何避免雷同，陈述时如何避免重复，突出重点，彰显亮点，兼顾全面，需要慎重研究。

12月26日，辽宁政协文史馆首次对外开放。省政协主席会议成员及参加省政协十二届八次常委会议的百余位常委，集体参观了"辽宁政协发展历程展——庆祝人民政协成立70周年"，并对展览给予充分肯定和高度评价。展览利用大量档案、图片、实物、视频等，充分展现了60多年辽宁省政协走过的光辉历程，彰显了一代代政协人的初心使命，表现了新时代人民政协的新面貌、新气象。

经过几年的探索、完善，辽宁政协文史馆在将"辽宁政协发展历程展"作为常设展的同时，成功举办了一系列符合政协定位和特色的专题展览，以不同形式开展各类文化艺术交流和协商议政活动，形成文史馆特有的品牌，进一步提升了文史馆对社会公众的吸引力和影响力，已经成为集政协文史资料征集、收藏、研究、展示、利用、交流等功能于一体的省级综合性文史馆及党史、政协史教育馆，成为社会各界人士参观学习的爱国主义教育基地及了解政协的重要平台，在宣传政协工作、传播政协文化、推动政协文史工作繁荣发展中，发挥着越来越重要的作用。

五星红旗闪耀齐鲁

——天安门广场国旗入馆始末

刘春德　颜丽平　肖宇飞 *

　　"我肩扛的是祖国第一旗，升起的是中华民族的希望，展示的是伟大的中华人民共和国的尊严。"2023 年 11 月，初冬的济南，北风呼啸，寒气来袭，而在山东省政协文史馆举办的道德讲堂会场内却人头攒动，气氛热烈，北京天安门国旗班第一任班长董立敢声情并茂地讲述着他与天安门广场国旗的故事、天安门广场国旗与山东省政协文史馆的结缘，"文史馆内就藏有一面天安门广场国旗，大家有时间一定要去实地感受一下它的魅力"。

　　谈起这独一无二的镇馆之宝，则要将时间拉回到 6 个月前。随着山东省政协文史馆"同心共筑中国梦　团结奋斗谱新篇——人民政协光辉历程专题陈列展"布展工作如火如荼地推进，如何打造亮点，拥有一件自己的镇馆之宝，让观者来了有触动、有收获，逐渐提上日程。

　　什么能成为山东省政协文史馆的镇馆之宝？大家集思广益，既要有政协特色，又要有历史价值，还要有现实意义，"书画家政协委员的大

---

　　* 刘春德，山东省政协文史馆助理馆员；颜丽平，山东省政协文史馆馆员；肖宇飞，山东省政协文史馆副馆长。

作""全套的山东省政协文史资料选辑"……一个个想法提出又被放下，思想的火花在交流中不断碰撞，答案在讨论中日渐清晰。

天安门广场国旗！这个想法，让探讨已久的大伙眼前一亮。国旗作为国家的象征，与人民政协有着深厚的历史渊源。它由中国人民政治协商会议第一届全体会议通过确定，是人民政协履职的重要见证。而天安门广场国旗在所有国旗中更具重要意义，每每党和国家重大活动总会出现它的靓影。每天都有来自全国各地的人群涌入天安门广场，注视着它冉冉升起，接受爱国主义的洗礼。政协、历史、现实这三个维度在天安门广场国旗身上完美融为一体，如果能收藏、展出一面天安门广场国旗，对文史馆来说无疑是强有力的"助攻"，也是对我们这群建设者莫大的鼓舞。

天安门广场国旗能申请吗？和谁联系？怎么申请？这一系列问题，随之涌上心头。天安门广场国旗是能够申请的，此前已有不少单位申请成功。大家从早已做好"功课"的肖宇飞同志那里得到了肯定的答案。至于和谁联系，怎么申请，文史馆王善斌同志和肖宇飞同志当仁不让、亲自出马，通过各种渠道马不停蹄开始了全方位打听，经过一番努力，终于和天安门广场的主管部门北京市人民政府天安门地区管理委员会接上了头。

通过与天安门地区管委会细致沟通，天安门广场国旗申请的流程步骤、需要准备的材料等都有了较为明确的方向。天安门广场国旗有很多，择选哪一面国旗成为摆在大家面前的一个重大课题。经过一番研讨，决定将天安门广场上4月30日、9月21日、9月27日、10月1日、1月7日升起的国旗作为申请的选项。这些日期的选择富有深厚的历史意义和政协含义，它们分别是中国共产党发布"五一口号"、中国人民政治协商会议第一届全体会议召开、中国人民政治协商会议第一届全体会议通过关于国旗的决议案、开国大典、政协山东省委员会第一次全体会议开幕，这五个在党史、新中国史、人民政协史、山东省政协史上堪称重大事件的周年纪念日。不论是得到哪一时间点上的国旗，对文史馆来说都意义非凡。

在讨论申请哪面国旗的同时，展馆简介、申请函、感谢信等材料也在同步推进、逐一准备完善。大家以高昂的斗志，完成着手中的一项项工作，扎实推进着布展进度。在一通通饱含着热情与温度的"京鲁连线"后，2019年9月21日，人民政协成立70周年当天在天安门广场升起的国旗，成为最终的选项。

2023年7月13日，在欢庆的气氛里，装有人民政协成立70周年当天在天安门广场升起的国旗的樟木箱，从天安门地区管委会负责人手中正式移交至山东省政协副秘书长、办公厅主任盖文兴手上，这一刻，历经1个多月的努力，文史馆终于有了自己的镇馆之宝！

为确保交接顺利进行，一天前，山东省政协一行就到达了北京。同行人员中，还有联合日报社的摄影记者，专门负责记录交接中的宝贵瞬间。这些在京拍摄的宝贵影像资料在后续相关视频的制作中发挥了重要作用，当然这是后话了。

13日下午，文史馆办公室内悠悠飘出一种特殊的木香，这是樟木特有的香气。一件红色的皮质手提箱赫然呈现在大家眼前，"这是上午刚刚从北京迎请回的天安门广场国旗，手提包里还有国旗专用的樟木箱、带有国旗升起时间的证书……"肖宇飞同志一边打开手提箱一边介绍道。香、红、柔，这是大家初见天安门广场国旗的第一印象。沁人的樟木香、鲜红的颜色、柔顺的质地，大家认真端详、轻轻摩挲着，心中不禁涌动起一股浓烈的爱国之情。常言道，要打动别人，先要打动自己，这个镇馆之宝找对了！

镇馆之宝找到了，只是迈开了万里长征第一步，如何展示天安门广场国旗，更好地发挥它的作用，成为下一步的关键。早在计划申请天安门广场国旗时，对国旗的展陈设计就已经开始了。要大空间、多角度、多媒介，要凸显特色也要融入全局，要聚焦主题也要拓展维度……一场场面红耳赤争论的背后，是一颗颗精益求精、追求极致的赤诚之心。"实物＋视频＋图文"，独立国旗展示台、视频放映大曲面墙、独立灯光系统……一个为天安门广场国旗量身打造的全方位展示空间，在反复尝试下被开辟出来。视频作为这个全方位展示空间的重要组成部分，承担着普及国旗知识、讲好人民政协与国旗故事等重任，山东省政协及机关各级领导高度重视，多次对视频内容提出修改意见，激励大家奋力前行，精益求精。要求越高，责任越大，使命就越光荣，大家心往一处想，劲往一处使。全馆上下齐动手，撰写视频文案、收集与国旗相关的图文影视资料，那些在京拍摄的照片和视频也派上了用场。人心齐，泰山移，在大家通力合作下，一部涵盖国旗诞生故事、国旗与人民政协关系、人民政协成立 70 周年当天在天安门广场升起的国旗介绍、山东省政协迎请国旗历程等内容的视频在 10 余次打磨后诞生了。

视频有了，灯光也调好了，万事俱备，激动人心的最后一步，把天安门广场国旗请入展台的时刻到来了！9 月 19 日上午，距离开展仅剩 2 天，存放国旗的手提包由专人负责从文史馆"护送"至展厅现场。大家小心翼翼地请出国旗，徐徐将其展开。因为在樟木箱里存放了一段时间，国旗上有一些明显的褶皱。为此，我们特意从执勤的武警班里借了一台他们常用来为国旗熨烫的挂烫机，对天安门广场国旗进行熨烫。作为全国升降的国旗中最大的天安门广场国旗，它长 5 米，宽 3.3 米，七八名同志才勉强将它举起，算上熨烫的同志，差不多有 10 名同志。负责熨烫的肖宇飞等人，小心翼翼地移动着挂烫机，生怕国旗受到一丁点损伤。只见蒸汽缓缓从出气口升腾起来，一点点将国旗抚平，经过两个多小时的努力，平整熨帖的国旗呈现在大家眼前。随后，经过大家的整理、叠放，在现场施工人员的协助下缓缓放入展台。彼时，这面鲜艳的五星红旗在灯光的照射下熠熠生辉，正静静等待着开展的时刻。

"大家请看，眼前的这面国旗就是人民政协成立 70 周年当天在天安门广场上升起的国旗……" 9 月 21 日，随着讲解员的开讲，天安门广场国旗在参观者的注视中正式亮相。天安门广场国旗专用箱、国旗证书、国旗知识展板、国旗视频，当然还有那面鲜红的天安门广场国旗，立体空间的每一处都吸引着观者的目光，一段段政协故事、国旗故事在他们耳边回响，一股股爱国之情在展厅悄然流动，这一刻所有的付出都得到了回报。

"这是我们的一个原创，据了解我们是政协系统内第一家拥有天安门广场国旗的……"每当政协委员、兄弟省市政协、各市县政协、各单位同志等参观时，这句骄傲的话语都会在天安门广场国旗展台前响起。

作为镇馆之宝，这面富有政协意义的天安门广场国旗也成为文史馆的点睛之笔。在一句句惊叹里，天安门广场国旗饱含的爱国精神、昂扬斗志涌入参观者心房，凝聚起奋进新征程、建功新时代的强大力量，奏响起激情澎湃的时代强音。

群策群力　创新创优

——广东省政协文史馆筹展工作概览

陈宣中[*]

广东省政协文史馆是宣传展示中国共产党领导的多党合作和政治协
商制度及其实践成果的重要窗口，是广东省政协文化建设的重点工程。
当前，文史馆基本陈列更新提升工作初步完成，使用党和国家领导人材
料报审工作进入最后冲刺阶段，文史馆正式开馆已指日可待。值此之时，
回顾各级领导关心事例，回想筹展工作具体场景，回眸团结奋斗群体身
影，感到特别感动、荣幸和欣慰。

一　筹建过程

广东省政协文史馆的建设，历经长期酝酿、数度争取和接续努力，
凝聚了广东政协人的期盼、智慧和心血。

（一）前期酝酿

2012 年中国政协文史馆成功开馆后，广东省政协文史馆即开始筹划
建设。

＊ 陈宣中，广东省政协文史馆副主任。

广东省政协于 2014 年开始文史馆筹建前期工作，由时任省政协副主席梁伟发、文化文史委主任田丰等组成筹建班子。至 2021 年 7 月前，广东省政协历届领导班子和文化文史委领导开展调查研究、资料搜集、规划酝酿等工作。调查研究除了拜访全国政协办公厅、文化文史和学习委员会、中国政协文史馆等单位，还组织赴天津、广西、郑州等地考察调研。其间，省政协文化文史委于 2016 年组织编撰《广东省政协 60 年》，搜集、整理了省政协成立以来的发展历程、机构沿革、委员名单等基础资料，既是省政协文史资料工作的填空之举，又是文史馆筹建的前期成果。

（二）建设实施

2021 年 7 月，在时任省政协主席王荣的关怀关心、努力争取下，在时任省长马兴瑞的关心支持下，广东省政协文史馆建设工程正式通过省发展改革委立项。当月，省政协成立修缮领导小组，由省政协王荣主席任领导小组组长，林雄、薛晓峰副主席任副组长，下设修缮办和展陈小组。其中，修缮办主要由省政协办公厅行政处等有关处室组成，组长为时任省政协副秘书长黄庆勇，负责招标组织、合同签署、现场管理、造价审核、工程验收、结算审核等。展陈小组负责藏品征集、资料搜集、展陈大纲编写、设计方案审核、布展等，展陈小组由文化文史委抽调人员组成，组长由时任省政协文化文史委主任白洁担任，副组长为时任文化文史委专职副主任金宏慧，一级调研员刘国贤具体负责。组员最开始有黄韵诗，后 2022 年 5 月叶书苑、张可加入，2022 年 6 月我加入，2022 年 10 月魏韶琳加入。时任文化文史委办公室主任郭力主要负责文化文史委日常工作，金宏慧、刘国贤全力投入文史馆筹建工作。由此，文史馆筹备工作正式启动。

展陈小组第一步工作即为开展资料搜集前期工作。有关省政协 1993

年前工作的档案均保存在省档案馆，1994 年后工作档案保存在机关档案室。这些档案作为省政协工作的全面系统完整的原始记录，均为重要的基础性文史资料。展陈小组从上千万字档案文字资料中，梳理出查询线索，列出清单，分别到省政协档案室、省档案馆、中山图书馆、南方日报、羊城晚报等单位馆藏中查找对应目录和部分资料，并逐步开展实物征集工作。

在此基础上，展陈小组开始逐步编写展陈框架。在学习借鉴中国政协文史馆和已建成的广西、广州、青岛等地政协文史馆筹展经验的基础上，形成展陈框架文稿，并经过十余次反复修改完善，于 2022 年 5 月 17 日经省政协修缮领导小组审核通过。

与此同时，展陈小组开始筹划一楼大堂布展艺术品的确定和装饰设计工作，将其作为文史馆展陈的重要组成部分。在征询各方意见基础上，提出大堂设立三幅艺术作品：东入口创作一幅反映民主人士北上的大型铜浮雕《北上！北上！》；其背面创作一幅反映广东省政协建立初期重要人物图谱的巨幅油画《同舟共进》；大堂西入口创作一幅反映新时代新气象具有浓郁岭南特征的大幅国画。三幅作品与整个大堂装饰融为一体，构成具有广东地域特色和政协元素的整体设计风格。作品创作均延请省内专业机构进行，其中，《北上！北上！》铜浮雕委托广州雕塑院院长许鸿飞、副院长陆增康创作，《同舟共进》油画委托广州美院副院长范勃担任艺术指导、广州美院油画系主任郭祖昌组建团队担任主创，大幅国画《玉树翠屏》邀请广州美院教授方楚雄绘就。

2022 年 5 月，展陈设计布展项目招标确定设计布展单位广东省集美设计工程有限公司（以下简称"集美公司"）。展陈小组即于 5 月 25 日与集美公司相关人员集中办公。主要参与人员包括金宏慧、刘国贤、黄韵诗、叶书苑、张可以及集美公司的黎婉莹、蔡佩青。我是 6 月 6 日从广东华侨博物馆借调来文化文史委参与展陈小组的。到岗之日，即集中办公之时。

其时展陈小组的工作包括三个方面。一是按照审定的大纲框架梳理细化展陈大纲。从部分、单元总启到所有图片、实物说明均经集体讨论，力求字斟句酌、精当完善。凡是上展文字，均经过反复查证，直到找到可靠出处。每一帧图片都要反复甄别，力避敏感人物出现。在展陈大纲编制过程中，大量删减文字，并且几乎是每一段文字、每一个图标都进行了重新撰写。二是进一步开展资料补充查询、实物征集等工作，以充实大纲内容，并有序推进展陈设计。资料查询的重点途径为省档案馆和机关档案室。金宏慧带领叶书苑前往省档案馆蹲点查询。凡与省政协有关的文书档案、图片、实物均予以翻查，基本做到无遗漏。从中新发现不少珍贵档案，如1955年陶铸等领导人签名的省政协一届一次常委会会议签到表、1978年习仲勋在省政协四届三次常委会上讲话录音等。三是对接展陈设计工作。展陈小组与集美设计团队前后十余次对接，就空间布局、板块结构、展示方式等进行充分碰撞交流，不断修改完善，逐步形成设计方案。至7月28日，展陈小组完成展陈大纲和展陈设计方案脚本的编制工作。在征求各专委会及机关各处室意见的基础上，于8月1日召开专家咨询会，听取方健宏、杨建伟、陈华江、王绍强等专家意见、建议。在认真吸纳专家意见并专门听取省政协分管领导、机关领导审核意见之后，于8月底形成展陈大纲和展陈设计方案送审稿。

2022年9月1日，省政协主席王荣批示通过基本陈列展陈大纲。自此开始，筹展工作即转入深化设计和布展施工阶段。在修缮领导小组大力支持、协助下，在确保质量、安全、进度、疫情防控各项目标的基础上，展陈小组统筹推进展陈大纲编制、形式设计、展板制作、展柜定制安装、实物展品遴选、多媒体项目设计制作、艺术项目安装、实物说明牌设计制作、专业工程配合等各项筹备工作。其间，在省政协领导的关心重视下，结合文史馆大堂艺术作品的创作进度，在新中国诞生73周年的喜庆日子举行隆重的文史馆揭牌仪式。自 10 月份进入设计布展阶段以后，展陈小组更是安排每天与设计制作单位集美公司团队对接一次，就展陈空间布局、展板设计、展柜样式、互动环节、多媒体项目等反复研讨，及时解决问题，高效推动进度，确保质量可靠、进度可控。

2022 年 11 月，展陈小组及时完善展陈大纲有关学习贯彻中共二十大精神的内容，并于 11 月 15 日将展陈大纲送省委宣传部、省委党史研究室征求意见，25 日收到回复意见后即充分吸纳，形成大纲定稿。2022 年 12 月初步完成布展。

自 2023 年 1 月开始，展陈小组按序推进基本陈列报审、提升完善工作。一是更新提升展览内容。主要包括补充习近平总书记第四次视察广东及十三届省政协履职工作成果等内容、修改完善相关文字表述。根据习近平总书记关于人民政协的最新重要论述、中共二十大报告、全国政协十四届一次会议新修订的政协章程、王沪宁主席在全国政协十四届一次会议上的讲话，结合黄坤明书记、林克庆主席有关讲话，对展陈大纲的部分、单元等导语文字内容进行修改完善。二是按照省政协"跨""联""提升"的工作要求，突出改革开放以来省政协重要贡献相关内容，增设省级民主党派、各地市政协等多媒体项目。三是调整空间布局。主要包括扩充序厅到一楼大堂、增设移动展标、第六部分第四单元"我们走在大路上"展区整体前移及拓展等。四是跟进完善多媒体项目，包括做好《北上！北上！》沉浸式舞剧展演后期制作的审核和拓展第七部分"委员风采"多媒体屏内容等。五是细致高效做好基本陈列使用党和国家领导人材料报审工作。报审工作政治标准严，规范要求高，流程环节多，协调推进难。在省政协主要领导关怀关心和办公厅主要领导直接督导下，经省委办公厅指导协调，省政协特事特办，于 2023 年 9 月 1 日向中共中央党史和文献研究院报送相关材料。中共中央党史和文献研究院 2023 年于 9 月 25 日作出函复，报审工作取得阶段性成果。六是配合做好工程验收及决算工作。

　　截至 2024 年 5 月，文史馆基本陈列已初步就绪。基本陈列包括序厅和七个部分，分别为"携手开启新纪元""走进广东省政协""潮起南粤勇争先""大团结大联合""协商民主新探索""新时代新征程"和"委员风采"，以时间为主线、事件为辅线，时空交错，全景式展示广东省政协事业的发展历程、卓越贡献。展厅面积约 1900 平方米，上展文字约 6.4 万字，图片 735 张，展出文书档案 114 件，书籍 150 本，报纸 13 张，书画 13 幅，其他工作、生活物品及公共外交礼品 87 件。另设多媒体项目 39 个，场景 9 个，绘画 9 幅，雕塑 3 尊。

二　主要做法

　　文史馆基本陈列作为重要大型相对固定展陈，其筹备工作对省政协机关而言是全新的课题和挑战。在加强学习、借鉴的同时，更要发挥政协优势，加强组织联络，形成内外合力。可以说，文史馆是省政协上下一心、内外协同的集体成果。

（一）省政协上下一心，凝聚团结奋斗的强大合力

　　文史馆筹展工作离不开省政协领导的高度重视、亲切关怀以及机关、文化文史委领导的关心指导、靠前指挥。十二届省政协主席王荣多次召开会议听取项目进展汇报，就展陈大纲架构及藏品征集工作作出具体指示，指出文史馆展陈要充分体现广东特色与广东政协特色，并带头捐赠实物。十三届省政协主席林克庆对文史馆建设发展提出"对标对表最好最优"的指示要求，并结合省政协"跨""联""提升"总体要求就突出改革开放开创性贡献、调整序厅格局、提升展陈效果等基本陈列更新完善工作以及相关报审工作、讲解接待工作作出具体指示。十二届省政协

53

副主席林雄提出，要处理好全国与广东省政协在展陈内容上的关系，结合好重点事件与重点人物编制展陈大纲，凸显港澳台侨元素。十二届省政协副主席薛晓峰为展陈大纲编制倾注大量心血，就布展完善给予全面指导，提出方向性意见，并利用自己的人脉资源，联系中央档案馆查询、复制相关资料，协调霍英东家族捐赠霍英东实物等。许瑞生副主席在展陈大纲框架修改稿上作详细批示，就民主人士北上、改革开放部分内容给予具体指导。十二届省政协党组成员、秘书长吴伟鹏就展陈大纲修订、艺术创作、设计完善、布展整改及报审等提出具体指导意见，及时解决各项实际问题。十三届省政协党组成员、秘书长陈文明提出完善好、管用好、发展好以及建成省政协重要的学习园地、教育课堂、研究基地、交流平台和宣传窗口等努力方向，并就基本陈列完善提升工作作出具体指示，督导展厅环境优化工作，审核审定多版本讲解词并就党和国家领导人材料报审联系协调省委办公厅等部门、指导馆徽设计。十二届省政协文化文史委主任白洁随时了解和督促工作进展情况，高效协调解决相关问题，提出《北上！北上！》沉浸式舞剧展演创意并协调组建创作团队等。黄斌主任就内容更新完善及报审工作提出具体审核意见。分管的洪晓龙副秘书长及时就修订展陈大纲、更新展板内容提出系统性修改意见，就增加省民主党派资料汇编及各地市政协成果等提出具体意见，并带领做好展陈提升完善工作及报审工作，审核多版本宣传材料。黄庆勇、杨细平、阎武、岑静、赖南辉等前后任办公厅领导在基建配合、工程管理、人员配置、资料搜集等各方面予以大力支持配合。

省政协各专委会和机关各处室予以大力协助。各专委会均及时提供相关资料，并就展陈大纲提出修改意见。机关各处室也予以资料、实物等多方面协助，特别是陈明、马俊、黄新民等修缮办人员密切配合做好工程管理和现场协调工作。

展陈小组发扬团结奋斗、拼搏奉献的精神，为布展施工质量、安全、工期及防疫各项目标的实现作出贡献。特别是 2022 年 5 月底至 8 月底，展陈小组连续 3 个月加班加点、不舍昼夜。金宏慧同志上有老下有小，仍然服从组织需要、夜以继日坚持奋战。刘国贤同志在体检结果出来，医生强调必须立刻住院手术的情况下，硬是坚持到展陈大纲提交的 2022 年 9 月才腾出时间住院治疗，好在吉人天相，手术比较成功。在布展冲刺阶段，受新冠肺炎疫情影响，部分同志被困需居家封控，有的同志为避免封控干脆把铺盖搬到办公室。大家全力配合，实现线上线下无缝衔接，未因疫情致筹展工作受到影响。

（二）发挥政协联系广泛的优势，赢得相关单位及个人的支持帮助

一是争取中央档案馆及省档案馆等单位的支持、协助。中央档案馆协助查询历史档案、提供图文资料，并制作档案仿真件 16 件，其中包括 1949 年 9 月 21 日人民政协第一届全体会议代表签名册等珍品。省档案馆调派利用服务部、征集整理部、声像部等多个部门予以配合，有求必应，在提供查询、复制等服务的同时，还协助提供查询线索和复制渠道。

二是争取相关机构和政协新老委员个人等捐赠支持。文史馆大堂的铜浮雕《北上！北上！》、油画《同舟共进》、国画《玉树翠屏》分别由戴德丰、余鹏春等 27 名香港、广东各级政协委员联谊会成员，梁树森、杨道匡等 35 名澳门委员和孙中山基金会捐赠。香港委员霍启山协调霍英东基金会捐赠霍英东生前工作、生活相关实物、资料 28 件（套），用作多个展区。香港委员戴德丰、戴进杰和委员苏忠阳、林佑钦分别捐赠端砚、骨雕等艺术品。王兆林、林东海等政协老领导，成守珍等委员以及周明理、施志全、刘力强、方资灿等机关领导干部也捐赠个人证件、办公用品、荣誉勋章及文献资料等。

三是联系新老政协委员提供服务。应邀参加展陈大纲专家咨询会的专家大多为新老省政协委员或政协机关老领导。文史馆一楼三项艺术作品的创作者、《北上！北上！》沉浸式舞剧展演的编导谢晓咏和帮忙提供英文翻译的张平功也都是新老政协委员。

三 初步体会

陈列展览代表文史馆的社会形象和专业水平。作为省级政协文史馆，筹展工作既要学习中国政协文史馆和兄弟省（市、区）建馆的基本经验，借鉴省博物馆等规范化、专业化做法，又要勇于创新突破，发挥专业特色，建构专业优势。这对于全国尚处于新兴业态、起步阶段的政协文史馆具有积极探索意义。

其一，坚持政治性，运用大历史观来展现广东政协的历史地位、性质定位和突出贡献。一是加强思想政治引领。基本陈列坚持以习近平新时代中国特色社会主义思想为指导，深入贯彻落实习近平总书记关于做好新时代党的统一战线工作的重要思想、习近平总书记关于加强和改进人民政协工作的重要思想。基本陈列立足党和国家事业发展全局的高度，集中展示人民政协工作的历史地位、广东政协工作的突出贡献和创新性探索，引导各界深化对人民政协制度的认识，进一步巩固和发展最广泛的爱国统一战线，更好坚持和完善中国共产党领导的多党合作和政治协商制度。二是提高政治站位。基本陈列特别设置习近平总书记四次视察广东展区，深刻反映广东各界时刻铭记习近平总书记对广东的殷切关怀、厚爱嘱托，坚定拥护"两个确立"、坚决做到"两个维护"。

其二，突出地域性，彰显政协工作特征和广东地域特色。一是加强综合统筹。基本陈列注重将人民政协特色、广东地域文化特色、经济社会特色和广东政协特色四者融合并统筹考虑，突出各个不同历史时期广东政协的履职亮点。如第五部分"协商民主新探索"重点展示《广东省政治协商规程》、粤商省长面对面协商座谈会等创新举措，第六部分"新时代新征程"突出省政协为省委"1310"具体部署、全省高质量发展及粤港澳大湾区建设等所作贡献。二是积极探索结构创新。基本陈列在按时间顺序展示广东政协工作发展历程的同时，打破按时间顺序"流水账"式的线性惯式来拓展腾挪空间、实现结构创新。在第一部分"携手开启新纪元"、第二部分"走进广东省政协"、第三部分"潮起南粤勇争先"之后，第六部分"新时代新征程"、第七部分"委员风采"之前，增设第四部分"大团结大联合"和第五部分"协商民主新探索"，集中展示人民政协工作的特征属性和广东政协工作的创新性探索。

其三，把握时代性，因地制宜应用数字化、多媒体技术。一是构建影音数据优势。历史上省政协举办的文艺活动、联谊活动、电视节目数量多，留存下来的影音数据以及口述史料极为丰富，如《政协委员》电视栏目共有 300 余期，口述史也已完成短片剪辑 49 集。这是省政协文史馆相对于其他省份政协文史馆以及省内博物馆的比较资源优势。二是适度策划多媒体项目。基本陈列适应融媒体技术应用的趋势和发挥影音数据丰富的优势，设立多媒体项目近 40 个。在不改变展陈结构的情况下，多媒体项目与展板内容互为补充、相映成趣，大大提高了基本陈列的信息容量，并为后续更新拓展提供了便利。不少多媒体项目为原创，如序厅先导片、粤港澳大湾区简介、"提案知识知多少"短视频等，提高了基本陈列的时代色彩和信息容量。特别是围绕"建设粤港澳大湾区"这个由习近平总书记亲自谋划、亲自部署、亲自推动的重大国家战略，基本陈列着力打造粤港澳大湾区建设多媒体项目，以宏大场景介绍大湾区内港澳和珠三角九市及横琴、前海、南沙三大合作平台等情况，并设立政协贡献栏目，展示各市政协有关大湾区建设的提案、调研、专题协商等活动。三是适当设立观众互动环节。除了一般的观众留言、研学区间，基本陈列还设置"我来写提案""委员通道"演示录视频等观众互动环节，并就政协知识进行细致解读，包括图表设置等，融知识性和趣味性于一体，从单向展示向双向互动延伸，从宣传窗口定位向培训基地功能拓展。

其四，强化艺术性，提升基本陈列文化内涵和打造省政协文化名片。一是打造序厅艺术空间。文史馆一楼序厅兼具门厅、会客厅、导厅等多功能于一体，专门设雕塑墙《北上！北上！》、油画《同舟共进》和国画《玉树翠屏》，突出政协风采和广东特色，烘托文史馆文化氛围，极大提升了政协机关和文史馆的文化内涵。二是因地制宜运用艺术元素。基本陈列设计较多运用满洲窗等岭南传统艺术元素作装饰，并根据展陈内容适当设置绘画、雕塑等艺术项目，还将所有的走廊、过道等零碎空间布置为绘画墙，提升基本陈列的文化内涵和艺术效果。

其五，彰显独创性，积极尝试展示手段的创新和与观众的体验互动，着力以科技创新打造亮点。在"乘风破浪的北上之旅"展区模拟民主人士北上乘坐轮船的船舱场景，以立体化大场景营造历史氛围，并设立多媒体项目集中展示北上路线图及民主人士在北上船中所写日记等图文资料，拓展展板内容。该展区特别设计了《北上！北上！》沉浸式舞剧展演，作为整个基本陈列的亮点着力打造。展演由著名舞剧编导编舞、广州芭蕾舞团演出，采用裸眼 3D 新技术手段，实现高雅艺术与高新科技的深度融合，在省内尚属首次，具有较强的震撼力和吸引力，具有示范引领的标志性意义。

其六，注重专业性，在展陈设计、实物展示和细节管理等环节和方面精益求精。一是克服展示空间缺陷。现展厅层高普遍只有 2.2 米高，部分靠窗展墙还要预留 30 公分高的消防排烟通道，更让展厅空间捉襟见肘。同时，展厅空间比较零碎，存在不少走廊、过道。这些都制约了展厅空间观感，提升了展示设计难度。为规避空间不足，在展板设计上，多设横向线条；在展板布局上，尽量疏朗、留白；在色调运用和照明设计上，尽量明快、清丽；在艺术设计上，将所有的走廊、过道都布置为绘画墙，烘托主题，美化环境，化劣势为优势。二是把握观展节奏。基本陈列每个楼层、每个部分都设置重点展示项目和互动环节，重点突出，张弛有度，避免内容简单堆砌、观展节奏紧张。三是实物征集应向实物原件倾斜。受各方面条件限制，基本陈列展品目前平面纸质多，实物物品少，档案复制多，原作原件少，历史价值高，艺术价值低。文史馆虽然与博物馆要求不同，不必规避展出复仿制品，但仍适度增加实物物品和原件原作的比例。基本陈列专门设立珍品专柜集中展示书画院收藏名家作品、《同舟共进》杂志相关名家书法、外事侨务交往礼品等系列珍品，提升了实物展品的总体质量和水平。四是从细节入手实现精细化管理。"提案工作指导创新"展区的展墙背景为100件政协提案、《政协委员》电视栏目的150张背景图片、乡村振兴展区手绘电脑背景画及过道绘画等画作中的场景、楼宇及人物等细节，都经过反复甄别、精心创作，更好凸显省政协文史馆的文化内涵和艺术水平。

展览是遗憾的艺术。文史馆基本陈列在内部审查期间虽然得到各级领导、专家的充分肯定和观众的普遍好评，但工作的不足也显而易见。按照林克庆主席"对标对表""最好最优"的要求，我们与国内政协其他先进文史馆相比还有诸多不足，部分重点亮点工作特别是改革开放以来开创性贡献还有待提炼和突出，专家领导、政协委员和机关内部的意见、建议还有待进一步吸纳，一些多媒体的内容还需细化、优化，精品实物特别是镇馆之宝的征集还需继续发力。

目前，文史馆正式开馆已经提上议事日程。我们将在省政协领导的关怀关心和办公厅的统一领导下，在中国政协文史馆的指导支持下和国内及省内兄弟单位互学互鉴中，弘扬团结奋斗精神，传承优良工作作风，全面提升党的建设、接待服务、业务发展、内部管理各项工作的质量水平，为推进正式对外开放和长远建设发展创造有利条件、打下坚实基础，为新时代政协文史馆事业高质量发展贡献广东力量。

十年回首　继往开来

——共同走过的广西政协文史馆完善提升历程

唐婧[*]

今年是人民政协成立 75 周年，恰好也是广西政协文史馆开馆 10 周年。十年光阴，弹指一挥，回顾正当时。

广西政协于 2013 年在自治区政协机关驻地办公区规划建设了广西政协文史馆，2014 年 9 月正式开馆，是全国最早建成的一批省级政协文史馆。

2016 年 5 月，我们协助承办了全国政协历史上召开的第一次以文史馆工作为主题的全国性会议，也是中国政协文史馆建立以来召开的第一次全国性会议——"发挥政协文史馆在人民政协对外宣传展示暨文史资料工作中的作用"座谈会，全国政协以及 31 个省、自治区、直辖市政协的 100 多位文史工作者参加了会议，打响了广西政协文史馆在全国范围的知名度。

2015 年开始，广西政协全面推进市、县级政协文史馆规范化建设，努力构建全区三级政协文史馆体系，重点支持县级政协文史馆建设。着力打造宣传展示人民政协理论和工作成果的窗口、政协文化活动的平台；

　＊ 唐婧，广西政协文史馆副馆长。

提高文史资料工作征集、传播的数字化、多媒体化和网络化水平；建立专兼职相结合的文史工作队伍，为文史资料工作持续发展夯实基础。目前建成和在建的县级政协文史馆覆盖率达 96％。

随着政协事业的不断发展，各兄弟省（市、区）重视加强政协文史馆建设，通过调研学习，我们看到了各地充分运用政协理论和实践探索最新成果以及科技手段，展现了各具特色、亮点纷呈的文史馆建设成果，也鞭策着我们要持续丰富发展、完善提升，才能与各省市政协携手前行。

2023 年 7 月，我们启动广西政协文史馆完善提升工作，成立工作专班，制定《广西政协文史馆改造提升工作方案》和《广西政协文史馆改造提升进度表及责任分工》，着重从目标、内容、重点特色、史料征集四个方面进行提升。工作一开始就定下了几个原则。

第一，定好目标开新局。新的展览，必须坚持以习近平新时代中国特色社会主义思想为指导，全面贯彻中共二十大精神，深入贯彻落实习近平总书记对广西重大方略要求，在人民政协成立 75 周年之际，增强展览的政治性、时代性、功能性、科技性，更好地宣传和展示新时代广西政协学习贯彻习近平总书记关于加强和改进人民政协工作的重要思想，深刻领悟"两个确立"的决定性意义，增强"四个意识"、坚定"四个自信"、做到"两个维护"，围绕中心、服务大局，加强思想政治引领、广泛凝聚共识，充分展现专门协商机构重要作用的光辉历程和履职成果。一是突出政治性，尤其突出中共十八大以来，在自治区党委坚强领导下，广西政协深入学习贯彻习近平总书记关于加强和改进人民政协工作的重要思想，围绕中心、服务大局，坚持党的领导、统一战线、协商民主有机结合，坚持发扬民主和增进团结相互贯通、建言资政与凝聚共识双向发力，充分发挥职能作用所取得的履职实效。二是增强科技性和时代性，着眼科技赋能，通过局部增加现代化展陈设备，立体生动展示广西政协在各个时期的重点工作，做到历史和现代的有机结合。三是增强实践功能性，设若干专题专区展示政协作为专门协商机构的特色，开辟"桂在协商""口述史"等功能空间，加强文史馆与政协工作的有效融合。四是增强直观性，通过各种渠道补充完善实物展示。

第二，定好内容焕新颜。我们对展览内容阶段重新划分，整体以时间为轴，按照《中共中央关于党的百年奋斗重大成就和历史经验的决议》和中国共产党的百年历史来划分，共分四个部分。其中序章为全国政协历史部分，主要内容为中国人民政治协商会议第一届全体会议筹备和召开的相关内容，时间为 1948 年 4 月至 1949 年 10 月。后三部分为广西政协内容：第一部分从 1949 年至 1976 年，第二部分为 1977 年到 2011 年，第三部分为 2012 年至今。

第三，重点特色谱新篇。本次完善提升的重点，一是突出新时代以来，习近平总书记对广西工作的指示要求、对民族团结工作的要求，突出王沪宁同志在广西政协调研时的讲话精神；二是要保持政协文史馆的历史特色、文化特色；三是突出广西的民族特色和广西政协的工作特色，强调时代性、现代性和功能性。

根据广西政协领导现场指导的指示精神和有关专家《关于对〈广西政协文史馆改造提升展陈大纲〉（送审稿）的修改意见和建议》，序章和第一、二部分基本保留了现展厅的主要内容，进行精简和归类安排。其中，序章增加与广西相关的内容，体现广西人士在协商建国中的作用；第一、二部分通过压缩图片面积、精简照片、报纸图片、非必要上墙内容入电子屏等手段，尽量压缩内容，为第三部分留出足够版面；第三部分着重增加新时代以来，尤其是近 10 年来的履职亮点和成果。

展厅内现有沙盘、模型等展示场景共 6 处，本次提升在保留原场景基础上，通过拓展内容、更新视频等形式进行升级，增加开国大典场景1 处。序厅、一楼各新增 LED 屏幕 1 处，播放相关视频，增加制作广西政协发展历程及履职亮点概述、邓小平在广西的故事和对广西的深切关怀、广西政协持续助推西南大通道和西部陆海新通道建设、习近平总书记视察广西、广西政协持续助推国家发展战略在八桂大地全覆盖、广西政协提案工作亮点、广西政协三大品牌工作等 7 个文史馆内播放的专题片。

第四，史料征集展新景。我们坚持把史料征集工作作为推动广西开放交流的重要抓手，以政协委员及其所联系的各方面人士"三亲"的角度反映和记录广西火热的改革浪潮和重大经济成就，补史之缺，续史之无，详史之略。主要做法是：根据文史馆新展陈大纲的需求，我们首先整理文史馆内现有的史料，然后按照"真实、广泛、规范、特色"的原则，把需要完善、充实、提升的内容列出清单，多渠道面向社会各界开展文史资料征集工作。通过联系相关单位及个人，搜集、征集宝贵的资料、文献、书籍、图片、视频、实物等。深入挖掘寻找到关于广西籍著名人士李济深、陈铭枢、黄绍竑、梁漱溟、陈此生、李任仁、吕集义、陈漫远等人的相关史料。经过整理和收集，共收到史料 511 件，拟采用史料 112 件。

我们带着厚重继续前行，完善提升后的文史馆力求"把篇幅留给史料、把评论留给观众、把精神传给后人"，充分发挥"存史、资政、团结、育人"的重要作用，为助力建设铸牢中华民族共同体意识示范区，奋力谱写中国式现代化广西篇章作出新的贡献。

四川政协文史馆建设亲历记

王皓熙 *

2021 年 6 月 28 日，四川政协文史馆（四川省政协书画研究院）〔以下简称文史馆（书画研究院）〕在四川省成都市西郊美丽的浣花溪畔正式建成并投入使用。这是我们四川省政协发展历程中的一件大喜事、大好事。作为文史馆（书画研究院）从建设开工到最终建成的亲历者和见证者，我为能亲身参与、亲眼见证这一段历史而感到无上光荣、无限幸运，记忆中许多难忘的场景仍历历在目。2024 年，在中华人民共和国成立 75 周年、中国人民政治协商会议成立 75 周年之际，同时也是四川省政协（以下简称省政协）即将迎来成立 70 周年的前夕，我将自己的亲身经历记录下来，希望更多的人能够通过这些文字了解到这一段历史和其背后的故事。

建设省政协自己的文史馆，2018 年由省政协第十二届委员会主席柯尊平同志（现任第十四届全国政协教科卫体委员会副主任）提议，成立了以省政协文化文史和学习委员会（以下简称文史委）、机关服务中心、财务处以及当时还是内设机构的书画院为组成部门的筹建工作组，并开展具体工作。筹建的最初目的，是为了充分利用好省政协多年积累下来

---

* 王皓熙，四川政协文史馆文史部主任。

的文史资料，发挥其"存史、资政、团结、育人"的重要作用，同时对省政协原有的内设组织——书画研究院进行整合，使其拥有正式的机构编制，以进一步丰富与拓展书画研究院的交流平台作用。

回溯历史渊源，早在1959年7月，省政协就响应全国政协号召，组织启动了文史资料工作。自此之后，省政协多年来一直坚持重史实、高标准、严要求，面向全省各级政协委员及一般社会大众，广泛、持续、深入地开展文史资料征集工作，取得可观成绩。文史委多年来征编出版的文史资料及和兄弟省（区、市）政协交换的文史资料当时共计有4万余册，但存放的库房面积却不足100平方米，不仅空间狭小，也无通风防潮、防火防虫等配套设施设备，既不具备图书存放条件，更难以开展收藏利用与学术研究工作。

而省政协书画研究院自1985年成立以来，在广泛联系委员、团结社会各界人士、组织委员履职尽责等方面发挥着重要作用。院藏书画作品多达1000幅，每年还要组织6次艺术家作品展。但其办公用房和库房也仅有180余平方米。当时举办书画展览只得勉强利用省政协机关附楼的走廊等处，众多书画精品也只能存放于库房，无法展出供欣赏与研究。同时由于其属内设机构，无人员编制，导致队伍建设相对滞后，人才资源长期得不到保障。

在机构设置和场馆建设上，当时的筹建工作组主要学习调研了中国政协文史馆以及天津市政协文史馆和广西政协文史馆。特别是同样作为省级政协文史馆的天津、广西两馆，其硬件建设基本一步到位，展馆设置也较为科学，功能划分相对合理，基本满足了政协文史馆开展展览、收藏、阅读、交流等活动的功能，是四川政协文史馆建设的重要参考对象。

经过综合参考全国省（区、市）政协文史馆建设和运转情况，结合自身实际，筹建工作组向省政协领导正式提请建议建立四川省政协文史书画馆，功能涵盖文史资料展、书画展、图书阅览室、书画创作室、音像史料录制编辑存储查阅的多功能室等，搭建历史、文化、艺术界人士交流平台，以更好地展示省政协文史资料和书画院工作成果，促进省政协工作再上新台阶。工作组提出了两种建馆方案，一种是在机关外选址独立建馆，一种是在机关办公大楼内拿出一层楼建一个小型的文史书画展馆。同时建议将该机构作为省政协办公厅下属正处级事业单位，向省委编委申报解决人员编制问题，招聘与展览、图书管理、文史资料研究、新媒体技术、讲解等专业对口的工作人员，以充实省政协文史工作队伍。

经省政协领导审示同意后，筹建工作组随即先向省机关事务管理局发函请求解决省政协文史书画馆用房，于 2018 年 9 月底收到复函获得支持。10 月 8 日，省政协召集会议，指示迅速组织人员、集中时间、调动资源，限期落实。筹备工作组在 3 天时间内，实地考察了锦绣工场古玩城等 10 多个房源场地，经 10 月 12 日专题会议研究决定，拟确定将该处作为首选场地，整体面积约为 2000 平方米。随即筹备工作组开展向省财政厅申请预算和向省委编委申请机构编制的工作。由于需经省两会核准预算报告，故直至 2019 年 1 月 25 日，文史书画馆的预算计划才得以正式下达，筹备工作组方可启动租赁采购工作。而另一方面，由于编制申请涉及的流程较长、程序复杂，故该项申请历经省委编委多次组织研究，最终于 2020 年 1 月 21 日才得到正式批准，确定正式名称为四川政协文史馆（四川省政协书画研究院）。至 2020 年 2 月，整个筹建工作场地、编制、资金才均已到位。

这时，人员招聘工作也跟进启动。初步确定采取社会公开招聘形式之后，经省政协领导同意，文史处和书画院共同拟定了招聘人员人数、资格及条件，由办公厅向省人社厅提出申请，于 2020 年 5 月 7 日发布了招聘公告。

我是 5 月 8 日在四川人事考试网看到这则招聘公告的，当时并不知道政协文史馆是什么样的单位，和省政府文史馆有什么样的区别，遂查了相关资料，尤其是中国政协文史馆的相关公开情况，才对其大概有了基本认识而决意报考。当时正值新冠肺炎疫情期间，后续的笔试、面试、体检以及出入省政协机关，都十分注重防范，管理特别严格。经过省政协层层选拔，我幸运地与黎建军、唐韵遥两位同志一起成为文史馆（书画研究院）的首批正式工作人员。后又经过了许多人事流程，到省政协机关正式报到时已近年末。到岗后我才知道，唐韵遥同志是应届毕业生，第一次参加公招考试就能成功考取，十分不易；而黎建军同志本身就是书画院的临聘人员，坚持以临聘身份，十年如一日地在书画院从事一线工作，十分令人钦佩。

　　文史馆（书画研究院）虽已有了机构编制和人员配置，装修施工项目却还未完成公开招标，场馆尚无法投入使用。原来的书画院位于省政协机关大楼 16 楼，由文史委代为管理，办公室不仅书画用品庞杂，面积也十分有限，故按照文史委领导安排，我被分配到文史处办公室临时办公。时间进入 2021 年，黎建军继续按照原书画院安排工作，筹备各类小型展览，唐韵遥则在短暂的熟悉岗位之后，立即投入到紧张的机构设置具体流程之中。因为办理事务需确定法人代表，办公厅遂于 1 月 16 日安排时任文史处处长夏剑军同志主持工作，唐韵遥同志据此向省财政厅、人社厅及银行先后申请办理事业单位法人证书、财政预算编码、预算申报、开设账户、工资及社保申报等，殊为不易。上述一切办好已是12 月。

　　4 月下旬，经过省政协研究选拔，原综合处二级调研员蒋一锋同志出任首任馆长。当时省政协领导定的开馆日期是 6 月中下旬，原计划同时举办政协历程展和书画展作为开馆活动，但由于历程展涉及经费预算较大，当时财政预算申报已结束，故最终仅举办书画展。因为 2021 年是中国共产党成立 100 周年，同时也是为助推成渝地区双城经济圈建设，经省政协与重庆市政协多次商议，确定举办"风华百载·伟业千秋"川渝政协庆祝中国共产党成立 100 周年书画联展。经过艰辛筹备、认真落实，我馆在仅有 4 人的情况下，克服重重困难，最终展览于 2021 年 6 月 28 日在浣花溪畔装修一新的文史馆（书画研究院）圆满开展。展览政治效应突出、社会反响良好，开馆实现"开门红"。

不觉离开馆那年又过去了 3 个春秋，这 3 年来，文史馆（书画研究院）在田向利主席的"四心"总体工作思路指引下，奋力为省政协文史书画事业发展作出贡献，取得了一定的成绩。今年是人民政协诞生 75 周年，四川省政协也即将迎来成立 70 周年的重大纪念时刻，"四川省政协光辉历程"陈列展筹备工作正紧锣密鼓，新场馆装修建设也正如火如荼，省政协文史书画工作得到了前所未有的高度重视。

抚今追昔，饮水思源，文史馆（书画研究院）的今天，离不开历任省政协领导的关心关怀，离不开前行路上每一位同志为之付出的努力与拼搏。在新时代新征程上，文史馆（书画研究院）一定能不忘建馆初心、牢记前行使命，不断拼搏、不断进取，为奋力谱写中国式现代化四川新篇章作出新的更大贡献！

陕西省政协文史馆建设纪实

任强 *

　　我是陕西省政协文史馆建设的亲历者和见证者，亲身参与了文史馆建设的全过程，看到现在文史馆欣欣向荣的样子，前期建设的许多场景仍然历历在目。在人民政协成立 75 周年之际，我将自己参与文史馆建设的亲身经历记录下来，供大家参考。

　　2015 年 10 月，陕西省政协由建国路搬迁至二环南路东段大楼办公。记得是时任省政协主席马中平专程向省委、省政府主要领导汇报，将原省政协委员活动中心改造为省政协文史馆和省政协老干部活动中心，文史馆建设项目才就此诞生。

　　2019 年 9 月 2 日，机关收到了陕西省机关事务服务中心的批复——《关于省政协原委员活动中心用房使用意见的函》，同意文史馆和离退休老干部活动中心使用办公楼西侧原委员活动中心。

　　2019 年 10 月 29 日，省政协成立了政协办公大楼西侧综合改造领导小组，时任常务副主席陈强任组长，副主席刘宽忍（原文化厅厅长）、十一届副主席张社年（原财政厅厅长）、秘书长闫超英任副组长，办公厅具体实施。随后的 11 月 25 日，正式成立了省政协办公大楼西侧综合改造

---

　　* 任强，陕西省政协文史馆馆长。

领导小组办公室（筹建办），时任省政协港澳台侨和外事委员会副主任贺书田任办公室主任，时任省政协办公厅副主任郭占华、省政协二级巡视员刘筱萍任办公室副主任，筹建办具体负责文史馆和老干部活动中心建设。筹建办的成立标志着文史馆建设工作正式启动，各项工作也在有序推进当中。

当时没有关于文史馆建设的指导性政策，我们只能探索文史馆建设方案。2019年筹建办成立以后，张社年副主席带队前往天津、哈尔滨、郑州等地学习先进建设经验，调研结束后，因为是在原机关大楼内进行改造，我们先后聘请了大楼原设计单位和施工单位对改造楼体进行了安全评估，还多次协调陕西省机关事务服务管理中心，将文史馆用房性质变更为业务技术用房，完成了立项前房屋使用的前置审核。在多方共同努力下，完成立项建议书的审批工作和可行性研究报告的编制工作。

同年，省政协文史馆机构经省委编办批复同意设立，为省政协办公厅下属正处级公益一类事业单位，核定全额拨款事业编制13名，设置管理岗位7个，其中馆领导2人（一正一副）；设置专业技术岗位6个，其中高级1个，中级3个，初级2个。内设综合办公室（财务室）、展示推广部、文献编辑部、馆藏部。

2020年12月文史馆通过全省统一招考招录4名新同志，他们是前期收集文史资料的新生力量。

2022年省政协换届以后，省政协党组和省政协领导非常重视文史馆建设工作，徐新荣主席1月份到任，在到任当月便将文史馆建设列入当年省政协重点工作。他强调，"要加快文史馆推进速度"。为贯彻落实徐主席的指示，时任十二届省政协秘书长薛占海也多次听取文史馆建设情况汇报，并召集秘书处、人事处等有关处室同志召开会议，专题研究推进省政协文史馆建设有关工作，薛占海秘书长先后7次深入建设一线协调解决困难和问题，文史馆改造工程得以顺利进行。

　　文史馆改造部分顺利完成后，为了更好地完成大纲编纂工作，我们邀请党史专家、西北革命史专家、政协内部专家召开专题研讨会，明确了陈列大纲的主题，陈列大纲编写的指导思想、原则等，为下一步展陈大纲编写明确了方向。多次组织召开座谈会，书面征求有关专家意见和建议，共收集到意见建议 1000 余条并进行吸收采纳。专门成立展陈大纲专家组，由副组长执笔吸纳各方意见，经过 9 次修改，使大纲更加符合陕西实际、更加体现陕西政协的特色。

　　2022 年 7 月 20 日，我们报请省政协领导同意，共邀请 9 家设计公司进行设计方案征集竞赛，由徐新荣主席，全体副主席、秘书长和专家共同组成评审组进行方案评审。8 月 30 日审议通过展陈大纲及设计方案，并根据最终大纲进行查漏补缺与制作。2022 年 9 月 9 日，在进一步深化设计方案的基础上开始展陈施工。

　　2022 年底，文史馆建设进入冲刺阶段，但是各地相继暴发疫情，文史馆施工现场有人员核酸检测结果呈阳性，所有现场人员必须隔离，我们的干部也被集中隔离，出现人员短缺、设备供给不足等问题，建设进度面临重重困难。徐新荣主席作出"保健康，保安全，保质量，进度服从'三保'"的批示，主席的批示为我们在建设最后的阶段又注入了一针"强心剂"。

　　2023 年 9 月 8 日，陕西省政协文史馆正式开馆，共 5 层 7504 平方米。展览以"团结民主、共铸辉煌"为主题，按照新民主主义革命时期、社会主义革命和建设时期、改革开放和社会主义现代化建设新时期、中国特色社会主义新时代四个历史时期为时间节点划分为四个部分，主要展示了中国革命伟大历程、人民政协在陕西的发展历程和历史贡献以及人民政协理论知识，旨在深化社会各界对中国共产党领导的多党合作和政治协商制度、社会主义协商民主制度的了解。目前，馆藏总数 70739 件，其中书籍 55000 余册，手稿 14439 份，古籍 30 余册，其他实物（证书、瓷器、科技作品、勋章、书画作品等）共有 1036 份。开馆以来，文史馆共接待 310 批次 8600 余人，平均参观时长 1 小时 45 分钟。接待副国级领导 1 人，正部级领导 35 人，副部级领导 17 人，厅级领导 200 余人。

同时，省政协文史馆还是政协委员学习教育基地、毕业大学生就业见习基地和首批陕西省关心下一代教育实践基地。省内 20 余所学校来馆参观并进行了合作，共同举办了"小小讲解员""见习大学生推荐"等活动，以"馆校联合"合作模式，助力构建"文史＋"格局，更好履行"存史、资政、团结、育人"功能，受到社会各界的一致好评。

走你们曾经走过的路

——写在青海省政协文史馆建设中

左庆瑞

看到中国政协文史馆征集文史馆建设亲历文章时，我最初的反应是现在还没到回顾文史馆建设历程的时候，毕竟青海政协文史馆还在建设中，回顾总是需要一个合适的节点。可翻转记忆，我一下子想起了许多，因为这些是我亲历文史馆建设最为鲜活的记忆、深入内心的触动，这就是感动的力量。既然回顾感动没有节点，就让我借此机会重温，然后带着更加炽热的情感继续前行。

一　编一本大纲致敬往昔

2020 年 8 月，我从省政协经济委员会办公室到新设立的文史资料馆工作，首要任务就是建设文史馆。当时我最强烈的感觉是转眼间成了"小白"，内心比我刚参加工作时，作为教师懵懵懂懂地被上课铃声拽到几十号学生面前还要惶恐。当时的我和几位同事，没有参与过工程建设，不知道"展陈大纲"是何物，也不清楚如何开展文史资料征集。

＊　左庆瑞，青海省政协文史资料馆馆长。

还好的一点是，在我来文史资料馆前，有领导和同事已经到中国政协文史馆、郑州政协文史馆进行了学习考察，得到了宝贵的指导，收获了经验启发，也带回了一些资料，其中就有《展陈大纲》《文史馆是这样炼成的》。当我把这两本书翻过一遍后，对文史馆建设才有了一个初步的认识，那就是我们要干的这个工作不再是写一篇文章、搞一次调研了，而是一个综合性的工程。说它综合，就是文史馆建设至少包括工程建设、大纲撰写、资料征集三项主要的工作。这三项都需要我和同事具体来做，但哪一项我都感觉底气不足。可任务在肩，无可逃避，硬着头皮干吧。在筹备领导小组和分管领导的带领下，我和同事在同步推进项目前期工作、开展文史资料征集之外，把更多的时间精力用在编写《展陈大纲》上。

《展陈大纲》是展馆建设的蓝本、布展的依据，其重要性不言而喻，当然其编写难度也是显而易见的。根据领导意见，借鉴兄弟馆的大纲文本，我们首先编写了《展陈大纲（提要）》，经会议审议后确定了展陈的"四梁八柱"，即框架结构。骨架有了，下一步就是充实大纲的"血肉"。这是一个搜集史料、学习史料及分析、整理、提取、加工史料的过程。我们以两轮《政协志》、历年《政协年鉴》、每届的常委会工作报告为参考重点，对协商委员会时期、省政协成立以来的发展脉络、重点工作、协商成果、履职特色等，按照尊重历史、大事不漏、前简后繁、突出特色的原则，进行了梳理和提炼，形成了约 7 万字的叙述、概括、说明性文字。结合文字内容，通过翻阅历年《青海日报》相关报道，到省档案馆查找文书档案，整理机关现存重要文件，在征集到的资料中筛选等，汇总了 1500 余件历史照片、新闻报道、文书档案及实物资料等，这些与相关文字一起构成了大纲文本的基本内容。在大纲编写过程中，为了提升编写质量，我们结"硬寨"、打"呆仗"，按照每完成一稿就意见征求一轮并修改完善一次的办法，面向机关内外、省内外组织了 10 轮意见征求，尤其是中国政协文史馆的领导和专家给予了宝贵且中肯的指导意见。2022 年 6 月 18 日，历经 22 个月的编写，《青海政协文史馆展陈大纲》通过专家评审。

当审定的《青海政协文史馆展陈大纲》摆在相关领导案头后，我们听到的是，在政协工作多年，却从不了解政协的历史，你们做了一件很有意义的事。有此足矣。作为政协文史工作者，这是我们的使命。以此回顾人民政协走过的风雨路程，致敬几代政协人的政协岁月。编写过程如同重走他们曾经走过的路，必将指引并激励后人继续前行。

二　他山之石助我翻山越岭

要建一座文史馆，首先要对文史馆有一个初步印象，知道她应该是什么模样。要建一座高质量、有特色的文史馆，必须博采众长、吸收借鉴，她才会出落得更加靓丽动人。于是，在省政协领导的支持下，我们安排了多次学习考察，希望从兄弟文史馆的建设上吸收到充足的养分，让青海政协文史馆的建设少走弯路并把文史馆建得更好。

经中国政协文史馆介绍推荐，以及各地同仁的大力支持，我们顺利考察了多家特点鲜明的优秀文史馆。2021 年 4 月，我先后走进广州政协文史展示中心、广西政协文史馆、南宁政协文史馆。这是我第一次看到政协文史馆实体馆。2021 年 6 月，第二次学习考察来到了仰慕已久的中国政协文史馆。2022 年 3 月，到陕西省政协学习考察文史馆筹建工作。2022 年 8 月，考察哈尔滨、青岛、济宁、介休政协文史馆并与鲁晋两省政协文史馆的同仁进行了交流。2023 年 3 月，再次到中国政协文史馆学习，并到天津和广东政协文史馆参观考察。2023 年 12 月，在大雪纷飞的日子又考察了新疆政协文史馆。

这些各具特色的政协文史馆，为我了解文史馆建设路径提供了生动的范本，我在充分领略政协文史馆之美中逐步开阔了视野思路，增强了信心底气。他们展示手段的新颖多元、新式装饰材料及技术的运用、珍贵史料的丰富展陈、对内容上的艺术处理、文史馆综合功能的合理规划等特色，都被不同程度地吸收到了青海政协文史馆的展陈设计方案中。通过考察中的座谈交流，我也学到了越来越多的建馆经验做法。可以说，我从兄弟馆曾经走过的路中得到了丰富滋养。有他山之石助我，翻山越岭又有何惧！

通过多次的学习考察，我也有机会结识了一批热爱本职工作、富有文史情怀的文史馆人。他们知无不言，无私地给予尽可能多的支持帮助。他们激情满怀，传递给我一种无形的向上的力量。还有一些未考察地区素未谋面的同仁，他们无数次地被我电话打扰，而从电话远端传来的永远是耐心与热度。感恩你们，我将沿着你们曾经走过的路继续前行。

三　征集到的不仅仅是资料

一座文史馆的底蕴与厚度，很大程度上取决于展藏品的质量和价值。对文史资料征集工作，公保扎西主席的要求是量质并重，既要有丰富的数量，也要有富有价值的实物、史料。怎么开展、落实，这是个难题。文史资料征集找人难、找物难，但最难的是不知道要找谁、要找啥。省政协机关办公地点有过迁址，加上之前干部职工资料保护意识不强，很多年代久远的资料被遗失，只能面向社会并结合重点人群征集。于是，我们通过报纸、网站、短信发布和推送公告征集，向历届政协领导、政协委员及相关省直单位、市州政协发函征集，面向离退休政协干部上门征集，等等，文史资料征集工作就这样起步了。这期间，有两件事让我备受感动。

通过三大运营商推送征集短信不久，有一对年过七旬的夫妇找到省政协文史资料馆。我接待了两位老人。他们说，看到征集短信就找来了，想把珍藏的一份亲属的烈士证书交给政协文史馆，担心他俩去世后子女不能妥善保存，要给牺牲亲人留下不多的物品找一个归宿，就算完成心愿了，也卸下一桩心事。听完老人的述说，看到泛黄的烈士证书，我动情地对两位老人说，我理解你们对逝去亲人的怀念与牵挂，谢谢二老的信任，请你们放心，我们会妥善保存，想念亲人了您可以随时来看。两位老人离开后，我的心情久久不能平静。我接过来的不仅仅是一份烈士证书，更是沉甸甸的责任。作为文史馆人，我们有责任把进馆的每一份资料保存好、利用好，通过文史资料讲好红色故事、前人故事、奋斗故事，不辜负捐赠人的托付，发挥好文史资料工作"存史、资政、团结、育人"作用。

第二件事，要讲的是我在经济委员会时的老主任的事，他已经退休多年了。当我打电话向他征集文史资料时，他痛快地说"你们来吧"。来到老领导的家中，茶几上整齐摆放了七大捆资料，有泛黄的红头文件、铅印的调研报告、手写的活动安排等，时间跨度从省政协七届至十一届20多年，资料按年份、届次进行了分类整理。老领导说，这是他在省政协工作20多年间个人收集保存的资料，搬了几次家和办公室都没舍得丢掉，现在把这些资料交给你们，供文史馆展出、研究使用。我一份份翻看这些早期珍贵资料，喜悦和感动之情无法抑制，这20多年的省政协发展历程终于有了最好的物证，老领导也把对政协岁月的深厚情感、严谨细致的工作作风传递给了我这一代政协人。社会主义事业永继，人民政协制度长青。我更深刻地体会到我应该怎样走老一代政协人曾经走过的路，还有未曾走完的路。

就这样吧。谨以此文，让感动充盈、常驻我心，并向大家致以诚挚的敬意。

亲历新疆维吾尔自治区政协文史馆的建立

李维青*

2010 年 10 月，我从新疆人民出版社调动到新疆维吾尔自治区政协，任文史资料和学习委员会主任。我一到岗就听领导和同志们说，2011 年是自治区政协成立 60 周年，将会有很多大型的活动，其中，建立新疆政协文史馆就是我们委员会的一项重要工作，建成后它就是全国首家省级政协文史馆。当时我很兴奋，这是一件大好事，同时也感到担子很重，距离开馆时间不到一年，紧迫啊！

当知道全国政协文史和学习委员会筹集资金 150 万元支持新疆政协文史馆的建设，自治区政协又把乌鲁木齐市新华北路 47 号的政协委员活动中心的第 19 层、20 层，大约 2000 平方米的场地用于建立政协文史馆、书画院时，我顿时感受到坚实的后盾和政协的决心，压力也成为动力。那段时间，无论是主席会议、秘书长会议还是专委会的会议，都少不了新疆政协文史馆的议题，强有力啊！

当时分管我们文史资料工作的政协副主席是阿尤甫·铁依甫同志，以前他在政府当秘书长时，我们就很熟悉，我在新疆大学和在新疆人民出版社工作时，他都曾为我们解决了不少问题，我们商量事很畅快，直

---

* 李维青，新疆维吾尔自治区政协文史资料和学习委员会原主任。

奔主题，谈得深刻又实际。他很同意我的观点，文史馆三要素是场地、馆藏和管理。我们从基础做起，场地已具备，还需要装修及相应设备；馆藏，我当时考虑向全社会征集、征捐展品；管理，要明确机构设置，有一支专、兼职人员队伍。在建馆的这些日子里，专委会的同志们观点一致，齐心协力，虽然忙，但工作开展得很顺利。专委会的尚莉是一位老政协人，各方面都熟悉，她被抽调专门负责文史馆所有事宜。我又在我的毕业的研究生中选择了一位人品好、能力强的同志，叫罗春，和尚莉一起做具体工作。当时罗春已在她即将就业的单位实习，我与她谈了政协文史馆的意义和前景，她很快转来投入到建馆工作中，准备干了！

建馆的具体工作开始了。政协办公厅负责文史馆、书画院场地建设、装修和书架等必要设备的购置。自治区政协委员、乌鲁木齐市文化馆馆长白鹰被委托负责场馆具体质量检验。时任文史委办公室主任吐尔洪·吾买尔常常穿梭于南湖路与新华北路两地，文史馆的建设是他的具体工作之一。时任办公厅行政处长的阿布都热依木·买买提和文史委的尚莉加快步伐，保质保量地完成了文史馆全部钢书架及办公设备的购置与安装，罗春联络的新疆大学、新疆师范大学的研究生们，作为志愿者在文史馆帮忙。那些日子，越是节假日，文史馆里越忙碌，搬桌椅、上书架、登记造册……都在忙着！

馆藏是文史馆的核心，虽然多年来文史资料和学习委员会积累了一些史料、书画作品及手稿，但与新建文史馆的规模还差得很远，在短时间内要达到开馆要求必须采取强有力的措施，在全国范围内向社会各界募捐，是当时需要大家一起努力完成的重要工作。2011 年 1 月 5 日，自治区政协文史资料和学习委员会向全体政协委员致信，为丰富文史馆的内容发出捐赠倡议；罗春整理了全国各出版社的资料，以新疆政协文史委的名义向他们表达了援助文史类图书的期盼；兰加明等同志整理了全国各省（区、市）政协文史委的办公地址，罗春又以相互学习、交流史料的目的，分别联系这些同行单位；自治区各厅局单位、各机构、各团体、各地州县市基层政协，也都分别接到了政协文史委的恳请支援信函……一时间，一捆捆图书、一件件史料、一批批书画进入了新疆政协文史馆，有举行捐赠仪式的，有捐赠者送来并参观文史馆的，也有文史委的同志去捐赠者家里帮助一起整理搬运的，还有一些文史爱好者，专去新华书店购买图书捐赠给政协文史馆。很快，筹建中的文史馆的书架上陆续展示出来自全国各地的捐赠物。当然还有政协主席、副主席、各专委会主任，一些政协委员、文史研究人员、新疆大学的研究生所捐赠的各类图书和物品……有一天，一位母亲带着 12 岁的孩子来文史馆，母亲说，这是孩子在新华书店刚刚选购的她喜爱的图书，捐给文史馆……说真的，在筹建期间踊跃捐赠的许多事例非常感人。我当时迫切期望通过捐赠让文史馆的馆藏厚重起来，开馆时能够展示起来，我也从自己多年的藏书中选择了一批有文史价值的图书，前后捐赠给文史馆 400 余册。负责书画院的白鹰也在筹建期间动员和征集书画作品的捐赠，第一批捐赠的画家、书法家有：政协委员白鹰、李伯霖、马国玉以及冯国伟、解兴禄、张平、李光明、韩饰平、王绍平等。在全国政协、各省政协，全国各出版单位及自治区各方人士的支援帮助下，在很短的时间内就筹集到一大批馆藏品，到开馆时政协文史馆、书画院有藏书 4 万余册，书画作品 193 幅，历史照片、手稿等珍贵资料若干。新疆政协文史资料和学习委员会按照当初征集时的承诺，给捐赠单位和捐赠者寄去了感谢信并颁发了收藏证书，据一些出版社反馈，此次捐赠活动已成为他们的援疆行动之一。

2011 年 10 月 12 日上午，在新疆政协文史馆举行了隆重的开馆仪式，自治区政协秘书长巴代主持，自治区政协主席艾斯海提·克里木拜，全国政协文史和学习委员会副主任卞晋平，自治区政协副主席买买提艾山·托乎达力、阿尤甫·铁依甫，自治区政协党组成员李湘林为文史馆剪彩。参加全疆文史工作经验交流会的参会代表，全疆各地州市政协分管文史工作的领导，自治区政协机关领导，自治区政协文史资料和学习委员会委员以及为自治区政协文史馆、书画院捐赠的单位和个人代表，参加了开馆仪式并饶有兴致地观看了馆藏、陈列、书画作品展。辛苦了大半年，开馆的喜悦挂在每位付出心血的政协文史委干部的脸上。我很轻松愉快地在开馆仪式上向大家做了简要的介绍，告诉大家政协文史馆陈列展示、宣传教育、学术研究、存储收藏、社会捐赠的五大功能，并由衷地感谢支持援助我们建馆的各个机构、单位和朋友们。在场的人们边看边说，我们有这么一个文化场所，作为我们自己的委员园地是令人兴奋的。全国政协文史和学习委员会驻会副主任卞晋平感慨地说："全国政协文史和学习委员会对新疆文史工作给予了一点支持，很快就让我们看到了成果，在我印象里好像这是全国第一个开馆的省级政协文史馆。今后，我们还要加大对新疆政协文史工作的联系、协作和支持，让我们边疆政协文史工作的干部感到有作为、能干事、干成事。"

新疆政协文史馆开馆后，陆续接待了一些团队和个人，一些学者和研究者在文史馆中查阅资料，一待就是几个半天。来参观交流的人说，闹市中深藏一个文化场所，是享受学习和交流的好地方。社会捐赠成了文史馆的一项热门事，一搞活动必有捐赠。这是历届政协委员和为文史馆作了贡献的各界人士的文化服务点，是政协文史资料稿源的征集点，是让人们认识了解政协的展示点……

2011 年 12 月 1 日，自治区政协办公厅向自治区编委递交了《关于申请成立自治区政协文史馆、书画院的报告》。

在文史馆开馆方案设计中的"新疆政协历程展"和"委员墙"在准备中，新疆政协文史馆数字化工程也在考虑中。需要做的事情还有很多很多……

"城史·故事"的故事

——大连市政协文史馆展示文史工作创新品牌记

关宏志[*]

　　大连政协文史馆深入学习习近平文化思想，贯彻全国政协文史工作座谈会精神，在大连市政协文体文史委的指导和帮助下开辟文史工作创新发展平台——"城史·故事"，以"史"为基础，以"讲故事"的方式，讲述发生在大连的事或大连人在域外发生的事。活动时间为每月的第2和第4个周二下午2点。自2022年5月开办以来，已经开展了35期，先后有3500余人次参加，界别群众占85％以上，其中初高中学生200余人次，得到各级政协委员、各界文史爱好者的认可，成为文史工作、思政教育和凝聚共识的品牌活动，发挥了"存史、资政、团结、育人"的社会作用。

　　"城史·故事"系列活动创新"委员读书活动"载体，增强"委员读书活动"的针对性，更好地发挥政协组织政治引领、凝聚共识作用，引导政协委员增长知识、增加智慧、增强本领，把爱党爱国爱社会主义的热情转化成为国履职、为民尽责的实际行动！

　　"城史·故事"系列活动以政协文史馆为平台，展示从不同角度和层

＊　关宏志，大连市政协文化体育和文史资料委员会原主任。

面记录的近代以来大连社会变革发展的非凡历程，反映中国共产党领导下大连各民主党派、无党派人士、人民团体和各族各界人士团结奋斗的壮阔历史。进一步拓宽大连地方史料研究成果利用和转变渠道，进一步推动政协文史工作和政协委员履职深度融合，进一步扩大政协文史工作的社会效应，为丰富和加强大连"地方四史"研究贡献更大力量。"城史·故事"系列活动，践行着学史明理、学史增信、学史崇德、学史力行，引领政协委员和界别群众传承中国共产党百年精神谱系，赓续共产党人的精神血脉，深刻领悟"两个确立"的决定性意义，增强"四个意识"、坚定"四个自信"、做到"两个维护"，激发政协委员履职热情，满怀信心，大步向前，为实现第二个百年奋斗目标、实现中华民族伟大复兴的中国梦作出新的更大贡献！

"城史·故事"中一张张落尘泛黄的照片、一卷卷研判细究的文献、一段段印映往事的影像，都是一方价值无限的收藏品，横跨千业，纵贯百年。她的每一个指纹里，都暗藏着城市的 DNA 图谱，是斑驳的光影，是丝缕的乡愁，更是岁月年轮刻下的道道印痕，浸透着城市"母亲"曾经的低吟与无尽的呢喃。大连，从硝烟与战火中一路走来，从侵略者野心勃勃的掠夺中一路走来……回首百年，那段沧桑历史依然在隐隐作痛，面对近代史上轮番出镜的系列事件，当时的我们是如何掌控自己的命运，又是如何逐步奠定了独树一帜的风格；角逐当下，又将如何继续浇铸自己的壮志雄心……

春尽夏萌，柯叶绵幂，晨光熹微，照进来时路。"我是谁？我从哪里来，要到哪里去？""城史·故事"与众多爱好者一同探访这座城市的前世今生：亲吻市井烟火，见证风云际会，记录光阴流转，感受时代变迁，丰富城市肌理，延续城市文脉……走进"城史·故事"，如品阅一部生动鲜活的城市史诗，此间正是政协文史资料"亲历、亲见、亲闻"的独有魅力。

　　"城史·故事"是一个"三亲"史料的征集平台。其精心选择的每位讲述者，都能通过丰富的收藏或亲身经历，为听众讲述重大历史事件和重要历史人物的故事。2022年第1期主讲人为市档案馆副馆长蒋耀辉，他曾远赴俄罗斯、日本、英国、德国、法国、波兰查找征集大连历史档案。历史档案上记载，俄罗斯人开埠建市时大连叫"达里尼"。随着一幅幅老照片、一卷卷文献资料、一段段胶片影像被发现和带回，一个远东的不冻港、一个叫作"达里尼"的城市开始再现真容。他的专著《大连开埠建市》《大连历史街区与建筑》填补了大连城市规划建设史研究的空白。全国政协委员、冯玉祥将军的孙女冯丹龙，通过家族几代人收藏的照片，讲述她的家人与大连、与政协的不解之缘，讲座结束后她捐赠了邓颖超同志1985年7月到访大连时与政协机关人员的合影，以及《光明日报》刊登的邓颖超同志在市政协全会上的讲话，填补了我市政协史料征集空缺。中共党史专家温明成"大连与中共六大代表"的故事，讲述了发生在大连的第一次"北上"。他根据三位亲历者的回忆和两份档案，在多次采访的基础上，确认了王福全中共六大代表的身份。我们对相关内容进行整理，形成了"三亲"史料，收录进《城史·故事2022年卷》中。

　　"城史·故事"是一个"三亲"史料的研究平台。在已经举办的35期中，全面涵盖了中共党史、新中国史、改革开放史、社会主义发展史的"大连篇章"。比如，大连市艺术研究所研究员张军，长期跟踪研究大连文艺工作发展历程，特别讲述了1945年日本投降后，东北文工团如何用《延安文艺》涤荡了大连50余年的殖民文化，积累了中国共产党引领大城市文化思潮的经验；市政协常委、软件行业协会会长郑时雨，讲述了大连软件产业发展30年的奋斗历程，激发着现场的近百名软件工程师的"城市情怀"，等等。广大政协委员开始了对文化传承的深度思考，市一级政协委员先后提交有关历史文化方面的提案18件，其中有6件被列为重点督办提案。我们还通过"城史·故事"进县区活动，进一步扩大影响力，市县两级政协委员通过各渠道刊发历史类"辽宁故事"100余篇，进一步丰富了辽宁六地红色文化资源。马叙伦先生的孙女马今、欧阳钦的女儿欧阳晓明、刘亚楼将军的女儿刘煜鸿等，先后做客市政协文史馆，交流掌握的历史资料和研究成果。

"城史·故事"是一个"三亲"史料的利用平台。它与讲好"中国故事""辽宁故事"活动在策划初衷上极度契合，是对"中国故事""辽宁故事"内涵的丰富、外延的拓展。我们围绕"五一口号"发布以及建党、建军、建国等节庆日及重要工作安排，突出讲述主题的鲜明特色。如民主人士北上之《李济深等民革中央领导登陆大连》的故事，使听众们了解中国共产党领导的多党合作和政治协商制度及其实践成果，感受统一战线和团结民主的伟大力量。2024年第1期，我们邀请了船政史、军事史专家、福建马尾船政文化研究会的陈悦教授，讲述"远东直布罗陀——北洋海军旅顺、大连湾基地"，率先在社会各界发起了纪念甲午战争爆发130周年的活动，持续激励继承传统、牢记使命、凝心聚力、再创辉煌的历史自觉和文化自信。

历史不只是一个过往，更是国家和民族的传记。我们党的一百年，是矢志践行初心使命的一百年，是筚路蓝缕奠基立业的一百年，是创造辉煌开辟未来的一百年。大连百年的近代"城史"，镌刻着大连人民进行的艰苦卓绝的革命斗争、富有特色的社会主义建设和令国内外瞩目的改革开放成就。"城史·故事"系列活动是市政协精心设计、市政协文史馆用心打造的，以"奋进新时代、筑梦新征程"为主题，讲述中国共产党史、新中国史、社会主义史、改革开放史的"大连篇章"，从"城史"这个微观视角，体悟党的百年辉煌，感受奋斗旋律，砥砺初心使命，凝聚奋进力量，坚定永远跟党走的信心信念，鼓足奋进新时代、筑梦新征程的精气神！

哈尔滨政协文史馆筹建实录

赵梦晗　卢婧一 *

2024 年是新中国成立 75 周年，也是人民政协成立 75 周年。值此重要节点回顾和总结哈尔滨政协文史馆筹建发展历程是一件很有意义的事情。

哈尔滨政协文史馆始建于 2015 年，正式开馆于 2016 年 4 月 27 日。开馆日期是哈尔滨解放 70 周年纪念日的前一天。在这一天开馆意在强调哈尔滨是共和国第一个解放的大城市，具有光荣革命传统。展馆选址于道里区兆麟街 56 号市政协机关院内，毗邻中央大街和索菲亚教堂，处于城市核心区域，总面积约 2400 平方米，展陈面积约 1800 平方米，综合功能面积 600 平方米，具有展陈、存史、活动三位一体功能。

哈尔滨政协文史馆隶属于政协哈尔滨市委员会办公厅，在市政协办公厅领导、市政协文史委指导下，承载着"四个功能"，不仅是人民政协光辉历程和重要成就的展示窗口，政协理论、政协文化和文史资料的研究园地，全市开展爱国主义、革命传统教育及传播传承中华优秀传统文化的教育基地，还是人民政协与社会各界的交流平台。2015 年被评为哈尔滨市爱国主义教育基地，2020 年被评为黑龙江省爱国主义教育基地。现有藏品数量 2000 余件，涵盖近现代文物、近代图书善本、艺术品等多

---

* 赵梦晗，哈尔滨政协文史馆策展部负责人；卢婧一，哈尔滨政协文史馆馆长。

种门类。

机构编制上，筹建时期（2015 年）经时任哈尔滨市长批准，设置办公室、征研部、技术部、宣教部四个内设机构，核定编制 11 人。2018 年机构改革，与原市政协机关信息网络中心合并，成立政协哈尔滨市委员会文史馆，承担原文史馆和信息中心职责，为我馆数字化进程添砖加瓦。2021 年根据事业单位改革试点工作要求，确定为正处级事业单位，编制 5 名，领导职数 1 名，其中管理人员 1 名，专业技术人员 4 名，没有内设机构。在机构精简、人员缩减的情况下，我馆及时调整组织架构，有力开展人员培训和考核工作，做好队伍建设。

展出内容上，序厅以大型雕塑《新路》命题，通过浮雕和人物群雕，概括展示了自鸦片战争到新中国成立中国民主革命百年的历史进程，突出了我们党团结各民主党派等力量成功开辟人民当家作主新路的主题思想。第一展区以"新政协筹备与协商建国"为主线，展示了抗战胜利后争取和平民主、民主东北建设和东北解放、中共中央"五一口号"发布、民主人士"北上"解放区并在哈尔滨筹备新政协及协商建国的历史过程。第二展区以"哈尔滨市政协发展历程"为线索，集中展示了 1946 年哈尔滨解放后民主建设政权、政协组织沿革和 70 年来哈尔滨发展成就及政协在其中的历史贡献。第三展区以"中华优秀传统文化与协商民主"为线索，展示了中华传统文化中和合、中庸、大同等思想哲理和事例，诠释了人民政协与传统文化的历史联系。第四展区设置了"民主党派、区县政协和委员风采展"，展示了民主党派、区县政协和历届市政协委员优秀代表及港澳委员参政议政的履职风采。

哈尔滨政协文史馆展馆布展陈列策划思路开阔，艺术展陈水平较高，既立足展示哈尔滨特色特点，也反映党史、国史重要历史进程；既突出政协组织参政议政工作业绩，也反映哈尔滨经济社会发展的重要事件、重要进程、重要人物及成就；既展示了我们党追求和实现人民民主的过程，还就人民政协植根于中华传统文化作了解读。

2023 年 7 月，习近平总书记在陕西参观汉中博物馆时强调："文物承载灿烂文明，传承历史文化，维系民族精神。要发挥好博物馆保护、传承、研究、展示人类文明的重要作用，守护好中华文脉，并让文物活起来，扩大中华文化的影响力。"

哈尔滨政协文史馆用叙事表达主题，以时间轴为顶层组织架构，结合空间序列、场景组合、造型色彩和多媒体辅助手段，带给观众有序且内容丰富的参观体验，真正做到"让文物活起来"，从而达到历史事件信息的高效传达。

一　策展小记

策展之初，在时任市政协主席姜明的大力支持和常务副主席葛喜东的亲自指导下，策展团队意识到，制订编写定位精准、章节合理、文字精练、元素恰当的文本大纲是哈尔滨政协文史馆展览策划的关键。展览文本大纲是一份注重学术性、创意性和可操作性的复合型文本，包括展览结构的构建、展示内容演绎、展品组合策划、传播信息层次安排、对展示设计的建议等，其中展览结构构建是其核心组成部分。第一展区中民主人士北上解放区在哈尔滨筹备政协会议这一历史事件是我馆所独有的，对我馆来说至关重要。策展团队以这一历史事件的背景、经过和结果为第一展区叙事主题，形成了明确的时间线索和情节化内容。整个展览以明确的时间进程进行叙事框架构建，采用无聚焦的叙事视角，帮助观众全方位了解历史。

策展过程中，我们深感民主人士北上解放区这一事件内涵深刻，涉及历史跨度较大，资料梳理复杂。面临这样的难题，如何确立一个合理的框架，确立一个表达重点，从"故事"和"话语"层面进行阐释和展示，我们经历了一个反复调整和取舍的过程。我们前往各地文史馆调研学习的同时，请教省内省外各高校历史学专家，开展座谈，群策群力，最终将展览表现侧重点定位在筹备新政协会议这一关键节点上，突显民主人士在中国共产党的坚强领导下筹建新政协及协商建国的历史作用。经过多位专家修改，反复提炼和调整，最终确定展览的框架结构，以民主人士北上解放区的历史史实为依据，以争取和平民主、建设民主东北、筹备新政协会议、北平协商建国、历史不会忘记为主线，展示中国共产党和中国人民在民族大义面前敢于担当、不怕牺牲、团结奋进的爱国精神和民主人士的爱国义举。这个框架突出了中国共产党人民民主统一战线政策，但展览依然是以筹备新政协的线性结构来安排。在展示过程中，遵循党史重要文献精神，既注意叙事逻辑，又注重价值观的输出和传递，唤起观众的认同感，力图让观众在参观中铭记哈尔滨筹建新政协这一事件和它所蕴含的爱国精神。

在大纲框架的构建过程中，兼顾展览形式，充分考虑在小型展览馆内举办展览的制约，应对空间小、内容多的现实问题，减少大场景的展示手段。同时，考虑到新媒体时代观众的观展需求，配合展览节奏，设置了窑洞对话、"北上"两个重点场景，通过玻璃钢雕塑和场景复原、多媒体视频与微缩景观结合的方式，在不特别占用展线空间的基础上，增加展览的生动性，改善观众的观展体验，贴合现代观众喜欢"打卡"的观展习惯。

编写大纲过程中，策展团队对场景单独编写文本介绍，突出场景的主要内容及希望的表现形式，帮助场景设计人员了解文本编制人员的意图，更好地进行沟通。如大纲中重点场景"北上"的文本介绍如下：

1948年9月12日晚，沈钧儒、章伯钧、谭平山、蔡廷锴四人在中共中央的周密安排和中共港工委副书记章汉夫的护送下，化装成商人乘小舢板登上苏联货轮"波尔塔瓦"号离开香港，绕开美蒋舰队监视的黄海区域，从东海经朝鲜海峡到达罗津港。途中在台湾海峡险些触礁翻船。展馆选取第一批民主人士突破封锁线后遥望解放区的历史场景，结合"波尔塔瓦"号甲板的实景和海上日升的环境背景，再现第一批民主人士到达哈尔滨后在中共中央领导下协商建国大事的历史场景。

二　展览文本内容编写

经过两个月的充分讨论和反复实践，展览的叙事主题框架最终确定，此后是更为细致的展览文本内容编写工作。策展团队认为展陈文本是用语言文字打造的故事语境，是对展陈大纲的深化，只有详细地编制文本，才能更加细致地指导形式设计人员开展具体的设计工作。时任副主席的葛喜东提出工作要求："内容是展览的主叙事体，从大众的角度来说，内容是他们参观的主要目的，观众通过内容来感知叙事主题和故事线；从大纲编写角度来说，展览内容是表达思想、传递信息的重要载体。"根据这一指导思想，我馆在展览文本内容上，以叙事为逻辑，以讲故事为手段，以民主人士北上解放区的起因经过结果为线索，合理调整内容，突显"讲故事"的力量，通过展览，让观众更好地了解民主人士北上解放区筹建新政协在统一战线史上的重要意义，了解哈尔滨作为全国第一个解放的大城市在新政协筹备建设时期的重要地位及杰出贡献。在保持客观公正立场的前提下，实现展览的价值传递和价值认同。

经反复斟酌，我馆将第一展区的时间线索定为：上限起自日本无条件投降，中国人民 14 年抗日战争取得伟大胜利，下限在政协第一届全体会议的胜利召开，中国的历史从此翻开了崭新的篇章。最后以历届全国政协主席的照片和介绍作为结束语的背景，使展览下限延长至今，体现民主协商制度的建立对中国特色社会主义的重要贡献。

　　具体到文本编写，包括前言、结束语、各级标题、场景、图片的文字说明，注重科学规范性，有高度的概括性，也尽量保证其可读性和生动性。为达到更高标准，策展团队搜集学习近年来有关中国现代史和协商民主研究的新观点、新资料。在前言撰写中，以总体叙事的方式，点明了民主人士北上协商建国的背景、经过和历史意义，引导观众了解展览概况和展览故事的主旨用意，帮助观众迅速抓住展览的中心思想，切入主题。前言部分，用高度概括的语言描述民主人士北上解放区的前因后果和历史意义，完善还原人民民主统一战线建立的历史过程。后期通过不断研究，与时俱进地在窑洞对话部分增加了党的二十大报告中给出的第二份答案："全面从严治党永远在路上，党的自我革命永远在路上，决不能有松劲歇脚、疲劳厌战的情绪，必须持之以恒推进全面从严治党，深入推进新时代党的建设新的伟大工程，以党的自我革命引领社会革命。"与上下文互相衔接，彰显我党坚持自我革命的勇气和胆略。

　　展览内容文本，适度重点展现中国共产党人民民主统一战线政策，把筹备新政协会议作为一个独立一级框架，着重展示中国共产党倡导建立的人民民主统一战线提出、发展的过程。在二级框架中单独设置在哈尔滨协商筹备新政协，体现在哈尔滨的民主人士对于协商建国程序的重要贡献以及中共中央的清醒认识和正确选择。这一板块的文本内容和细节内容也相对较多，通过增强展览叙事细节，加长叙事时距，达到叙事理论中的减速处理。最后一部分"历史不会忘记"相对来说不是叙事重点，图片和文字量都较少，是一种加速处理。

　　展览内容文本，尤其是一、二级标题的编写，尽量言简意赅，使用陈列语言，便于观众提炼具体陈列板块的小主题。标题简短有力概括出展览的某一部分的主要内容及关键知识点，构建起展览结构，能够让观众通过标题预先明确这一部分的主要内容。如第三部分的二级标题最终确定为：中共中央发布纪念"五一"劳动节口号、民主党派和海内外人士的热烈响应、民主人士秘密"北上"解放区、在哈尔滨协商筹建新政协、民主人士在李家庄。各二级标题之间采用逻辑递进关系，从不同侧面说明该部分展览的主体内容，满足不同观众的观展需求。时间紧张的情况下，看一看一级标题和二级标题，即可大致了解展览内容。

资料整合完毕后，策展团队发现展览基本以图片为主，文物为辅。此时图片说明文字的编写就显得更为重要。观众在参观过程中更多观看的都是历史图片和其说明文字，而其观展时间和阅读耐受力有限，大多数观众不太希望看到过多的文字描述，因而图片的说明文字既要精确精练，又要详略得当，避免文字篇幅过长，语句繁杂，让观众丧失阅读兴趣。出于这样的考虑，我们团队对图片的说明文字进行7版反复修改，最终形成了言简意赅、意味深长的说明文字。而且由于民主人士北上解放区这一历史特殊性，有的地方没有历史照片，为完整表述历史，只能增加一些文字版面。部分采用复制文献、将文献里的重要话语摘录，和图片放在一起进行展示。如沈钧儒等人到达解放区后，给毛泽东等人发的电报："愿竭所能，借效绵力，今后一切，伫待明教。"与民主人士在解放区的图片结合展示。

结束语与前言都是展览的重要组成部分。结束语是对展览内容的归纳总结，与前言遥相呼应，形成一个整体，立住展览叙事的根基，升华展览主旨思想，是展览的点睛之笔。"我们追怀在哈尔滨筹备新政协和协商建国的历史记忆，感悟中国共产党与民主党派、民主人士风雨同舟、肝胆相照的博大胸襟，感受统一战线和民主团结的伟大力量，将会激励我们继续坚持中国共产党领导的多党合作和政治协商制度，全面推进社会主义协商民主建设，努力开辟中国特色社会主义政治发展道路"，点明人民民主统一战线建立的重大历史意义。"今天，我们正站在一个新的历史起点上，如何在建设中国特色社会主义的伟大进程中走出一条民主的新路，努力跳出'其兴也勃焉，其亡也忽焉'的周期率，仍将是中国共产党执政赶考的重大课题"，又将各位观众拉回现实，将历史和现实相呼应。

三　结语

我们站在新中国成立 75 周年、人民政协成立 75 周年的光荣时间节点上，要传承红色基因，接续奋斗力量，不断履职尽责，进一步做好文史馆展馆研究、维护工作。正如习近平总书记所说："历史文化遗产不仅生动述说着过去，也深刻影响着当下和未来，不仅属于我们，也属于子孙后代。保护好、传承好历史文化遗产是对历史负责、对人民负责。我们要加强考古工作和历史研究，让收藏在博物馆里的文物、陈列在广阔大地上的遗产、书写在古籍里的文字都活起来，丰富全社会历史文化滋养。"展览是展馆生存和发展的重要手段，也是服务公众和履行公众教育职能的重要手段。展览大纲编写对整个展览有着重要作用。如何合理运用各学科理论构建展览框架，真正让文物活起来、让历史说话是我馆需要继续探讨和学习的。

青岛政协文史馆建设亲历记

姚永明 *

　　青岛政协文史馆隶属青岛市政协办公厅，在市政协办公厅的领导、市政协文化文史和学习工作办公室的指导下开展工作，是中国特色社会主义基本政治制度和中国特色社会主义民主政治的教育基地、人民政协和社会主义协商民主的重要宣传阵地，也是政协组织与委员履职成果展示窗口、人民政协与社会各界联谊交流的平台。同时，青岛政协文史馆还承担着政协文化与文史资料研究的重任，长期致力于手稿、照片、书刊、音像、文献、实物等资料的征集、整理、收藏、研究、展示、利用，建立文史资料库，成立文史专家队伍，团结相关领域学者，开展学术研究、交流活动和爱国主义教育。

　　青岛政协文史馆 2020 年底建成开放，实现了当年建设、当年开放的目标。2021 年 5 月 8 日面向社会公众免费开放，2022 年完成文史馆审计验收工作。截至 2023 年底，已累计接待各级政协组织、党政机关及企事业单位、学校等团队参观约 260 批次，3.6 万人次。我们坚持党建引领，先后与多个单位开展党建共建合作，成功申报青岛市爱国主义教育基地，挂牌"琴岛学社""党史学习教育阵地"等，积极举办书画培训、读书分

* 姚永明，青岛市政协原二级巡视员。

享会等，开展丰富多彩的"书香政协"活动，已在青岛文化领域占有不可或缺的重要地位。

青岛政协文史馆的建设，历经数任文史委主任的积极倡导与不懈努力，得以从无到有。文史馆首先是有人（编制），其次有钱（经费），再次有地方（选址）。幸赖各级政协领导的深切关怀和鼎力支持，青岛政协文史馆于 2020 年 12 月 16 日正式建成开馆，二期立项与经费申请工作正在紧锣密鼓地推进中，装修与布展等工作亦在有序展开。

回顾往昔，文史馆建设之路殊为不易，历届政协领导对文史馆建设均予高度重视。2017 年，市政协文史委将了解到的各级文史馆建设情况汇报党组，在时任主席张少军亲自过问下，市政协党组副书记亲自找市领导批示，分管市政协文史工作的副主席与市委编办领导多次协调，我和市委编办具体办理的同志反复沟通，方得正式落实青岛政协文史馆编制，文史馆建设工作由此拉开序幕。2020 年，在时任主席杨军和分管副主席李众民的大力推动下，文史馆选址、申请立项和经费等问题得以解决，装修布展顺利完成。2023 年又落实了文史馆二期选址，目前立项和资金等文史馆二期建设工作正稳步推进。

在文史馆筹建之初，我们便按照领导要求——"务必以干净、安全为原则建好文史馆"，开展工作。李众民副主席为推敲设计方案，就曾召开 20 多次会议进行专题讨论，并多次征求各方意见，成熟后报党组会研究，同步推进工程建设、展品征集和布展设计。

在招标环节启动之前，曾有企业私下接触我，对此我严正表明立场，欢迎他们按照正规程序参与投标竞争。施工过程中，我数次坚决回绝企业试图以赠送物品的方式谋求好感，我深知，一旦接受他们的好处，就难以保持公正无私的态度。甚至有一次，我还与施工方因施工质量发生过激烈争执。

2020 年，我们上报《关于建立青岛政协文史馆的请示》，杨军主席批示后，经时任分管副主席李众民亲自协调，市机关事务服务中心批准了市政协办公厅使用青岛市政协机关办公楼附近的广西路 1 号乙暨江苏路 2 号房产建设政协文史馆。此地位于青岛历史风貌保护区，是一栋始建于 1937 年、建筑面积 1000 余平方米的独栋小院，交通十分便利，利于单位团体、社会公众参观。

选址确定后，李众民副主席召集发改委、财政局、市政协办公厅和文史学办等相关部门，共同召开会议，深入研讨推进文史馆建设，并广泛征求各方意见和建议。财政局起草的经费报告在市长办公会顺利通过，决定分两年拨付。市长在会议上特别强调，要求我们严格按照规定使用经费，确保每一分钱都用在刀刃上。我有幸与市政协办公厅主任张顺祥一同参加了此次市长办公会。

建设过程中，特邀曾担任市南区住建局局长、工程建设经验丰富的老同志担任顾问，帮助协调落实有关具体工作。我们每周召开一次协调会，设计、施工、监理、造价咨询等单位参加，及时落实领导指示，解决施工过程出现的问题。

建设费用方面，积极争取发改委立项和财政支持，落实了文史馆规划设计、建筑改造与装修、资料征集和布展设计等相关费用。同时，我们也虑及文史资料征集、整理、出版、文献修复、研究交流、专题布展、日常维护等文史馆建成后的工作经费，申请列入年度财政预算。

在功能设计上，统筹结合建筑整体情况，充分考虑不同楼层的特点与需求，进行了科学合理的规划。一楼设置青岛历史文化名人展、读书角等，旨在弘扬青岛文化底蕴，促进文化交流；二楼则围绕人民政协光辉历程设计了主题展览，展现政协在新中国历史上的重要贡献；三楼为专题展区，用于呈现特定主题或用于临展；四楼则集会议、接待、文创、研讨交流于一体，提供沟通合作的平台空间。

在展览策划上，我们特别注重青岛地方特色的挖掘呈现。例如，我们展示了 1949 年民主人士从香港北上经过青岛的历史瞬间，以及《义勇军进行曲》作为 20 世纪 30 年代青岛拍摄的电影《风云儿女》主题曲的独特背景。此外，我们还展示了人民英雄纪念碑碑心石来自青岛的珍贵史实，彰显了青岛在革命历史中的重要地位。我们在 2019 年纪念人民政协成立 70 周年展览的基础上，围绕"人民政协光辉历程""青岛市历届政协工作亮点""青岛文史资料展"开展文史资料征集，设计举办主题展览"人民政协光辉历程展"。第一板块主要展示中国共产党领导的多党合作和政治协商制度，内容涵盖了人民政协与统一战线，新政治协商会议筹备与协商建国的文献、影像及图片实物；第二板块以历史照片、文献与实物相结合，全面展示青岛历届市政协发展历程、重要事件、重要人物和工作亮点以及省级以上领导关心支持视察青岛的相关图片资料和市政协委员的风采等；第三板块将图片、文献、实物、影音相结合，展示各区（市）政协及我市各民主党派、工商联发展历程、重要事件、重要人物、工作亮点等；第四板块全面展示全市政协在文史理论研究、书画艺术等方面的成果，主要展示有关文史资料、图片、影像、书刊实物等。此外，我们还根据工作需要和时间节点，充分利用专题展厅，策划举办了一系列专题展览：青岛历史文化名人展、纪念中共青岛党组织成立100 周年展、青岛红色地下工作者专题展及书画展、摄影展等，丰富展览内容，吸引社会各界广泛关注。

在资料征集上，我们广泛征集了各类珍贵文献与实物，包括 20 世纪50 年代以《共同纲领》为依据颁发的土地证等，为文史馆的藏品库提供丰富的素材。同时，将全市各级政协已出版和全国各地交流的文史资料图书近 2 万册及征集到的历届政协史料、稿件、图片资料进行整理分类、妥善保存。此外，完善政协书画资料库，接收书画约 1000 幅；加强档案收集整理，登记归档管理史料文稿、实物以及馆内工作文件。

在制度机制建设上，为了规范文史馆的工作，我们制定了《青岛政协文史馆工作制度（试行）》和《青岛政协文史馆藏品的征集和保管制度》等 10 余项制度，明确了文史馆的职责与任务，规范了藏品征集、保管及保密工作的流程，为文史馆的长期稳定发展提供了有力保障。

在文史工作队伍建设上，按照梯次配备的要求，通过分期分批招录、调动等渠道引进了一批专业人员，涵盖编辑、汉语言文学、档案管理、中国近现代史、中共党史、新闻传媒等多个领域。建立特邀文史馆员专家队伍，团结相关领域学者，开展学术研究、交流活动等，不断提升文史资料工作的专业水平和社会影响力。

在文史资料数字化上，将市政协出版的文史资料约 2000 万字及部分老照片等文史资料及征集的稿件、图片资料进行数字化处理并妥善备份。积极发挥文史资料"存史、资政、团结、育人"的作用，结合智慧政协建设，依托青岛政协微信公众号建立青岛政协文史馆微信公众号，宣传青岛政协文史资料工作成果和政协文史馆工作动态。

同时，我们积极参与青岛市政协文史资料征编审改工作。根据市政协文化文史和学习委员会安排，审改《见证青岛解放》丛书及电视纪录片，编撰《青岛政协发展历程大纲》，参与"庆祝青岛解放暨人民政协成立 70 周年图片展"资料收集和编审工作，举办"孔子与青岛专题展"。

我们也清醒地认识到，建成开放只代表文史馆建设取得了阶段性的成果，刚刚起步，许多方面还需要进一步完善和提升。因此，诚挚希望各位同仁能够多关心、多支持青岛政协文史馆的建设工作，共同推动其不断发展壮大。同时，也建议多组织文史馆之间的相互交流学习活动，邀请全国政协、省政协以及兄弟省市的同行们来青岛指导工作，共同推动文史工作的繁荣发展。

广州政协文史馆筹建亲历记

王巧玲 *

人的一生，最值得骄傲的，是在平凡的职业生涯中，机缘巧合之下，碰上一件留下珍贵记忆的事情。对我来说，这件事情莫过于全程参与广州政协文史馆的筹建，并有幸担任第一任馆长了。

一　建馆缘起

2018 年，我们即将迎来新中国诞生 70 周年和人民政协成立 70 周年。根据省政协的工作部署，4 月 23 日，时任市政协党组书记、主席刘悦伦带领全体党组成员考察文史馆选址事宜，来到了市政协委员活动中心所在地祈福华厦，并在现场召开了临时党组会，决定在此地筹建政协文史馆。4 月 28 日，十三届广州市政协以党组的名义，正式向中共广州市委提交《关于成立广州政协文史馆的请示》，提出建议成立广州政协文史馆，打造政协工作新平台，讲好"四个自信"的"广州故事"，讲好"四个走在前列"的"广州经验"，讲好爱国统一战线的"广州特色"，讲好民主协商的"广州商量"，更好地为新时代广州的改革和发展服务。同

---

* 王巧玲，广州政协文史展示中心主任。

时，提议文史馆选址不要距离市政协机关太远，最好就近选址，建议以市民主大楼后面的祈福华厦 2 至 5 层作为馆址。

市委收到报告后十分重视，于 5 月 6 日作出批复：原则同意成立广州政协文史馆，同时请市政协就有关选址等项目建设问题抓紧与有关部门沟通协调，按程序另文报批。有趣的是，当时签批同意成立文史馆的两位市委领导之一潘建国同志（时任市委常委、秘书长），现已转任市政协党组副书记、副主席。

接到市委的批复后，市政协党组马上把筹建广州政协文史馆提上日程。5 月 24 日，市政协党组召开会议，决定成立文史馆筹建领导小组，黄洁峰秘书长任组长，文史和学习委员会主任冯元、王志雄副秘书长为副组长。黄洁峰秘书长刚从市安监局局长转任，为人正直浩然，勇于担当，善于处理各种复杂关系，长于全面协调工作；冯元主任是一位知识丰富、涵养很高的知识型领导，曾参与建设广州塔（民间称之为"小蛮腰"）；王志雄副秘书长熟悉政协历史和理论，文笔出色，擅于跟相关部门打交道。本次党组会议还从机关的工作实际出发，决定具体筹建工作由机关抽调人员与我负责的市政协委员活动中心全员合署办公。于是，我们便顺理成章成为"筹建办"的工作人员。

在黄洁峰秘书长的协调下，5 月 30 日，市政府正式批复同意市政协文史馆的选址（即越秀区明月一路 6 号祈福华厦 2、3、4 层和广州大道中 39 号市民主大楼南楼 1 层，面积合计 5820 平方米）。地址确定后，我们马上着手协调原驻单位的搬迁。市民主大楼南楼 1 层比较容易，其本身就是市政府安排给市委统战部作为市多党合作宣传教育基地的展厅，不存在搬迁问题；祈福华厦 2 层是市政协办公厅的场地；3 层是中共广州市委党史研究室的办公用地，按照市里的统一安排，该室以大局为重，很快就腾让出来；最为棘手的是祈福华厦 4 层，其为市财政局分配给其所属社团广州市注册会计师协会的办公场所。起初，该协会以各种理由不同意搬迁，后来又提出可以搬迁但要补偿。王志雄副秘书长带着我们多次与该协会负责人洽商，并请广州市财政局领导从中斡旋。最终在市财政局的协调下，该协会同意无条件迁出，为政协文史馆顺利建设铺平了道路。

二 建馆定位

考虑到建设广州政协文史馆是一件非常有意义的大事，必须要有很明确的政治定位。因此我们确定了以下三个原则。一要从人民政协实际出发，把握好从什么角度去推介人民政协制度的定位；二要从广州乃至大湾区红色文化实际出发，把握好从什么角度去推介政协红色文化的定位；三要从广州人民政协诞生后的实际出发，把握好从什么角度去推介地方政协推动地方发展的定位。

据此，文史馆筹建办的同事们在冯元、王志雄两位副组长的带领下，首先登门拜访了中国政协文史馆，请全国政协办公厅分管文史馆的领导和文史馆领导给予具体指导。接着兵分两队，一队前往南宁、天津、哈尔滨、郑州等地的政协文史馆以及红色展馆参观学习，吸取各地建设文史馆的经验，掌握他们的展陈内容与特色；另一队则奔赴上海中共一大纪念馆、浙江嘉兴南湖革命纪念馆、河北省平山县西柏坡纪念馆、李家庄中央统战部旧址以及河北省阜平县城南庄镇晋察冀边区革命纪念馆等处参观，学习红色文化的现代化展陈载体与方法。

随后，我们又深入广州中共三大会址纪念馆、毛泽东同志主办农民运动讲习所旧址纪念馆、广州起义纪念馆、全国总工会旧址纪念馆、"团一大"纪念馆和国民党一大旧址等展馆调研考察，学习借鉴这些展馆在红色文化内容与展示形式方面的长处，结合政协自身优势，打造一个弥补广州红色文化展陈领域"政协空白"的平台。

在充分调研的基础上，筹建办邀请各界人士代表召开了若干次座谈会。经反复讨论，最后确定未来广州政协文史馆的展示内容为：一、新中国与人民政协的诞生。包括中共发布"五一口号"、党外人士响应"五一口号"、香港新政协运动、民主人士北上、中国人民政治协商会议第一届全体会议等精彩场面。二、广州人民政协七十年的光辉历程。包括广州市协商委员会的成立及市政协在社会主义建设时期、改革开放时期，以及中国特色社会主义新时代不断巩固和发展爱国统一战线的同时，借助统一战线推动地方中国特色社会主义事业的发展。特别介绍典型的政治协商、民主监督、参政议政的案例和实践。三、广州市多党合作发展之路。重点宣传中国共产党领导的多党合作和政治协商制度在广州的实践与成功。主体内容确定之后，我们马上开始行动。联络中国政协文史馆，市各民主党派、各人民团体及有关单位与各区政协、中共广州市委统战部，就三个部分逐一落实展陈内容。

此外，我们还腾出三楼整层约 1640 平方米的空间作为临时展厅，打造"移动的文史馆"，开展形式多样的专题展览。开馆后陆续举办了"红色记忆——沙飞摄影展""旗帜飘扬——党旗国旗军旗诞生珍贵史料展""广州印迹——城市风貌摄影展""广州印迹——政协书画典藏展"等社会影响力较大的展览，不仅带动了各级机关的学习热情，还极大地丰富了广大市民的文化生活。同时，三楼的文史空间装修风格为开放式，集中摆放藏书并设置沙发，为观众提供了一个休闲、阅读的好去处。

筹建办提出的建馆定位方案，经市政协文史馆筹建领导小组审批后，提交市政协党组会议审议，得到充分肯定。

三 建馆历程

作为广州市建市以来第一家政协文史馆，软件建设固然重要，但也绝不忽视硬件建设。为彰显场馆的朴实庄重、现代大气，市委、市政府除了核拨面积 5820 平方米的展陈场地之外，还核拨了约 6500 万元装修、布展经费。为确保这笔资金使用得当，在保证装修、布展质量的同时，防止腐败行为发生，筹建办按照市政协党组和办公厅要求，排除各方面的困难，确保项目立项，并明确立项工程为代建项目，同时积极配合代建单位做好全方位的工作衔接。

广州政协文史馆是在两栋紧邻却不相连的旧建筑物基础上修建的，且其中一栋建筑物祈福华厦属于外资企业，在场地、消防、规划过程中我们面临许多意想不到的困难。为确保顺利完工，黄洁峰秘书长亲自带队赴祈福集团商谈。因为要把两栋建筑物用搭建连廊的方式合为一体，修建连廊期间会产生大量的噪音和灰尘污染，不仅会影响大楼外立面的整体美观，极大干扰公寓客户休息，同时影响祈福集团收益，而我们无法予以补偿。值得庆幸的是，祈福华厦的老板彭磷基先生曾是市政协港澳委员，后来是全国政协委员，颇具政协情怀。在他的关照下，我们顺利地达成了合作协议。后来，黄洁峰秘书长向大家介绍这段经历时很感慨地说：祈福集团在我们筹建期间给予了最慷慨的支持、做出了最无私的牺牲。施工时，我们就像是在一个活动着的人身上开了一个口子做手术，真是一件非常艰辛和难以想象的事情。我们不能忘记他们的奉献，要永远感激他们！

冯元主任带队到市发改委进行沟通时，很大程度上发挥了他的个人魅力。他幽默地对发改委的领导说，今天如果不能谈妥立项的事，那我们就不走了。发改委的领导笑着表示，将全力配合和支持文史馆建设，当场指定了具体跟进单位和责任人。

王志雄副秘书长带队到市财政局进行沟通座谈，得到了市财政局对文史馆展览装饰立项的理解和支持，并安排评审中心的人员来具体对接。

立项的硬件符合条件了，软件就是需要一份具有相应资质的咨询公司来做立项可研报告。为争取时间，我们以内部议标的方式，确定了北京美好悦动文化传媒有限公司作为艺术化展览装饰概念设计单位，广州大学建筑设计研究院有限公司作为装修改造工程概念策划单位，广州市国际工程咨询有限公司作为文史馆可研报告编制单位。其间，我们还以市政协的名义向市委征求"广州市2019年重点工程建设项目"意见，适时向市委建议，将市政协文史馆项目纳入了2019年九大重点工程之一。这就为市直各审批部门在政策框架内开辟了政协文史馆加快审批程序与建设速度的"绿色通道"。

项目代建，可以在获得专业指导、确保质量的基础上，规避廉政风险。2019年2月18日下午，按照市政协党组会议要求，黄洁峰秘书长带队走访了市代建局，正式商讨广州政协文史馆代建相关事宜。市代建局领导非常重视，局领导参加了商讨，同意市政协文史馆由市代建局代建，并采取"EPC"招投标（即设计、装修、施工等一体化）的方式。经过双方的努力，2月28日，市政府办公厅下发了《关于办理〈广州市政协关于申请由市代建局代建广州政协文史馆的函〉的通知》（建案政协〔2019〕42号），明确由市代建局代建文史馆项目。由代建局代建文史馆工程项目，可以在招投标、评标、定标、签约以及工程监理实施等重要环节上，严格对标、慎重把关、完备手续以确保整体筹建工作顺利进行。5月15日，广州政协文史馆装修会议改造项目开标，由广东建雅室内工程设计施工有限公司、广东华南建筑设计研究院有限公司、广州佳兆建筑装饰工程有限公司三家单位联合体中标，投标报价为2998万元。8月23日，文史馆布展招标完成。中标单位为广州力天展览设计工程有限公司，投标报价为2724万元。

从2019年6月起至年底，经多方共同努力，2019年12月31日，广州政协文史馆最终落成。广州政协文史馆的基本竣工固然可喜，但对照面向公众开放的要求还存在一定距离。提升硬件软件水平，将展馆办成高质量、高水平且兼备广州特色的展馆是十三届市政协党组对筹建办的要求。2020 年 2 月，筹建各单位在市政协办公厅领导的具体指导下，克服新冠肺炎疫情等困难，重新组织人员对整体设计方案进行反复研讨、对展陈大纲进行多轮文字校对、版面调整和细节优化。所有人心往一处想，劲往一处使，拧成一股绳，胸怀"功成不必在我，功成必定有我"的信念，主动放弃节假日休息时间，加班赶工推进文史馆的整改工作。2020 年 9 月 15 日，文史馆全面竣工，面向公众开放。

建馆过程中最难忘的是全国政协、中央档案馆、中国政协文史馆对我们的鼎力支持。正是因为有了各单位的保驾护航，"人民政协与新中国的诞生"展最终得以在我馆顺利展出。广州政协文史馆的顺利落成并对外开放，凝聚了四面八方的力量，让我至今充满感激。感恩众人拾柴火焰高，感恩友谊长存心间。

文以载道　史以鉴今

——唐山政协文史馆建设侧记

高丽娜*

　　"咱们政协文史馆地址的选择经过了几次变化。一开始想定在凤凰山脚下的老图书馆，后来又考虑改造机关车库资料室，再后来……"聊起唐山政协文史馆的建设，74 岁的市政协老干部祝明钊娓娓道来。

　　这是一次深入的交流，更是聆听者一次机会难得的学习。

　　唐山政协文史馆现位于河北省唐山市路北区西山道 9 号，在市政协机关院内北综合服务楼，由二层办公用房改造而成，建筑面积 1100 平方米。该馆集征集、收藏、研究、展示、利用、交流等功能于一体，是宣传人民政协光辉历程、展示市政协组织和政协委员履职成果的重要窗口，是研究政协理论、文化和文史资料的重要园地，也是政协组织与社会各界相互交流的重要平台。

　　唐山政协文史馆自落成开馆以来，接待了包括唐山市委主要领导，中国政协文史馆、省政协文史馆，以及外地省、市政协和民主党派、县区政协等等在内的多批次参观团体，均取得良好的宣传展示效果，产生了良性引领、育人效应。

---

　　* 高丽娜，唐山政协文史馆副主任（负责人）。

启动建设繁琐艰难

2018 年，以遵循发展轨迹、讴歌辉煌业绩为指导思想，为了更好地宣传中国共产党领导的多党合作和政治协商制度，展示人民政协履职实践成果，唐山市政协党组谋划研究文史馆建设，并责成文学委及办公室等部门着手进行考察调研、资料搜集、设计施工等具体工作。

时任市政协副秘书长李晋介绍，文史馆筹建过程中最基础、最关键也是最艰难的就是各种史料素材的查找与征集。当时通过媒体公开征集，向县（市）区政协发出通知，同时向委员、机关同志、离退休机关人员发出倡议；寻访老领导及其家属了解情况，征集史料；查阅市档案馆、图书馆、报社等部门和机关的档案资料；利用网络查阅、收集、整理有关资料；走访各民主党派、工商联征集资料；深入机关各部门查找资源。通过多种方式和途径，付出了大量的时间和精力，我们才完成此项工作。

退休老干部祝明钊说："当时，我和薛志民（市政协办公室原副主任）、李晋几次去档案馆、劳动日报社、图书馆等地方，去查阅、核实历届委员会的有关会议时间、人员等情况。也曾到罗履常、张万里等老干部家里走访了解情况。"

唐山政协文史馆馆藏史料的查找和征集，得到了各个部门的有力支持。其中，既有机关各部门的积极参与，也有各民主党派、工商联的积极配合，还有各省、市有关部门给予的帮助，更有市政协离退休老领导及其亲属的支持。现年 92 岁的市政协原副秘书长张万里就对文史馆的史料征集工作给予了很多帮助，提供了很多珍贵资料。

展区陈设紧跟时代

正是有了这方方面面的鼎力支持，使文史馆的筹建获取了大量资源。参照其他文史馆的成熟布展案例，唐山政协文史馆开始有序推进工作：提炼确定各展区的主题，归纳其板块内的重点、亮点、特色工作，以此抓出条目，搭建框架，确定内容；坚持政治性、史实性原则，对史料素材（包括照片、文件、实物等）全面进行遴选、比较、确认，事实不清、情况不明，尚待认定的史料一概不用，选择代表性强、内涵丰富、画面生动的史料对框架内各部分进行填充、完善。在完成上述两项工作后，全部精力投入到文字描述和图片复选上，以简明的语言对前言、结束语、各部分、各章节以及图片说明中的文稿进行修订。

按照设计，唐山政协文史馆展陈共划分为四个展区：一是以"新政协筹备与协商建国"为主线，展示了从中共中央"五一口号"发布、民主人士"北上"解放区、筹备新政协和协商建国的历史过程；二是以"唐山市政协发展历程"为主线，集中展示了1948年唐山解放后政协组织沿革和70多年来唐山发展成就，以及政协组织在其中的历史贡献；三是展示了市各民主党派、工商联在中共唐山市委的领导下，在人民政协这个统一战线组织中，围绕党和政府中心任务开展工作的履职贡献；四是集中展示了该市各界别优秀委员代表，以图文形式展现委员个人风采及先进事迹，以榜样的力量引领广大委员积极履职建功。

文史馆展陈的设计样式为：按届为单元，以文字、照片、图表、视频、实物5种表现形式，通过10个组成部分，展现组织沿革、履职贡献两个方面内容。为集中表现各届政协的履职贡献，以每届为单元进行了板块化处理，这也是其他展馆的常用做法。

展陈中第二板块"唐山市政协发展历程"为展厅的主展线。其中，除了领导成员、机构设置的发展演变等特定常规板块之外，还设计安排了"党和国家领导人对唐山的亲切关怀"和"唐山精神"的展示内容，以彰显唐山特定的城市特点和城市性格。

点滴小事记忆犹新

在唐山政协文史馆展厅的第二展区有一张珍贵的照片史料，是当年的开滦矿务局高级员司俱乐部（毁于 1976 年唐山大地震）。这里就是中国人民政治协商会议唐山市第一届委员会第一次会议召开的会址。据张万里回忆，那次会议自始至终充满了团结民主的气氛，委员们在讨论中畅所欲言，各抒己见，情绪十分高涨，是一次十分成功的会议，为后来的唐山市人民政协奠定了良好的基础。唐山于 1948 年 12 月 12 日解放，1949 年 9 月 25 日召开了唐山市首届各界代表会议，选举产生了唐山市各界人民代表会议常驻委员会。1951 年 1 月 10 日，唐山市召开了第二届各界人民代表会议。

张万里于 1951 年毕业分配到唐山市中苏友好协会工作，1952 年初，协商委员会和中苏友协合署办公，他开始做政协工作，亲历了唐山政协建立的前后过程。他翔实地记录了政协唐山市第一届委员会第一次会议的情况：1955 年 2 月 24 日，中国人民政治协商会议唐山市第一届委员会第一次会议在开滦俱乐部召开，应出席会议委员 87 人，实到 73 人。大会由执行主席茹誉鳌主持，晁幼德代表唐山市各界人民代表会议协商委员会作了协商委员会工作报告。中共唐山市委第二书记刘汉生同志作了关于目前形势的报告。会议进行了热烈的讨论，充分肯定了报告并热烈拥护了章程。在讨论市委关于目前形势的报告中，委员们一致热烈拥护《为解放台湾联合宣言》和周总理对美帝国主义干涉我国内政的严正声明，一致表示坚决在市委的领导下，遵守章程，为进一步增强团结，保卫和平，为实现国家社会主义建设事业同心同德，贡献力量。张万里清楚地记录了晁幼德、孙越崎等 25 名委员的发言及达成的共识。他特别提道：回顾唐山市第一届政协历史，这一届 87 位委员对唐山人民政协建立所做的功绩是不可磨灭的。

而今，唐山政协文史馆进一步提高站位，正在深入挖掘整理和完善讲解词，同时启动实施数字展馆建设。

文以载道，史以鉴今。唐山政协文史馆将会以更加充实、更加鲜活、更加先进的讲解和形式提升服务水平和展览宣传效果，以更高质量的建设凝聚人心、汇聚力量。

我们期待着这更加完美的一切。

弘扬"五一口号"时代精神
凝聚团结奋斗磅礴力量

——邯郸市文史馆纪念"五一口号"发布 75 周年系列活动纪实

李涛 *

　　2023 年是中共中央发布"五一口号"75 周年。为纪念这一重要历史事件，进一步弘扬多党合作优良传统、筑牢新时代团结奋斗的共同思想政治基础，邯郸市文史馆按照市政协的重点工作部署，把加强"五一口号"史料挖掘整理作为重要工作持续推进，深挖"五一口号"与邯郸的关系、发展历史，以及邯郸为创立人民政协、协商建立新中国作出的贡献，组织开展一系列特色文化活动，引导全市各民主党派及无党派人士在重温历史中铭记多党合作初心，在弘扬"五一口号"时代精神中深化政治共识，把智慧和力量凝聚到新时代坚持和发展中国特色社会主义伟大事业中来，奋力谱写中国式现代化的绚丽华章。

　　2022 年 8 月，邯郸市政协重点工作推进会提出加强"五一口号"史料挖掘整理的要求后，邯郸市政协文化文史和学习委及邯郸市文史馆立即行动，迅速着手开展相关史料收集整理工作，起草了《纪念"五一口号"发布 75 周年系列活动方案》，主要内容包括"五个一"：拍摄一部专

---

　　* 李涛，邯郸市政协文化文史和学习委员会主任。

题片、举办一场专题展、编印一期专刊、发表一篇纪念文章、举办一次专题研讨会。

拍摄一部展现"五一口号"发布历史脉络的专题片，重温合作初心

1948 年春天，一封电报自太行军区司令部驻地涉县西戌村，发向驻扎在阜平县城南庄的党中央。

经当时驻扎在西戌村的新华社社长、中共晋冀鲁豫中央局宣传部部长廖承志提议，中共中央书记处扩大会议通过了经毛泽东主席修改后的《中共中央纪念"五一"劳动节口号》，并连夜通过涉县西戌村、沙河村的新华临时总社、陕北新华广播电台等向全国发布。"五一口号"发布后，各民主党派、无党派人士热烈响应，开启了中国共产党领导的多党合作和政治协商制度建设的序幕。

在专题片拍摄制作中，邯郸市政协文化文史和学习委及市文史馆工作人员多次来到涉县西戌镇沙河村，全方位搜集相关素材，深入挖掘"五一口号"发布背后的故事细节，当亲眼看到当年邯郸新华广播电台播音旧址、邯郸·陕北新华广播电台机房旧址、魏琳宿办室、齐越宿办室等旧址时，不禁被这里蕴藏的革命精神深深感动。在与涉县政协、县委统战部和县融媒体中心反复就脚本内容、视频资料选择运用、史料校正等方面，广泛征求意见，深入探讨沟通，几经修改完善，专题片《响亮的口号》终于摄制完成。这部专题片完整展现了"五一口号"的历史脉络和时代意义，激励了各党派团体、各族各界人士坚定拥护"两个确立"，坚决做到"两个维护"，进一步坚持好、完善好、发展好中国共产党领导的多党合作和政治协商制度，在强国建设、民族复兴的新征程上风雨同舟、携手前行。

举办一场从"五一口号"到协商建国重要史事回顾的展览，感悟伟大实践

我们在邯郸市文史馆专门布置了一个"五一口号"专题展厅，以"5·1"两个数字为时间轴做成时光路，近 50 幅图片、2 万余字历史资料、12 件展品，全面回顾了中共中央发布"五一口号"，民主人士和各界代表人物积极响应，在中共中央的决策部署下，从香港、国统区和海外奔赴解放区的过程，生动展示了中国共产党与各民主党派、无党派人士协商筹备新政协，召开中国人民政治协商会议第一届全体会议，共建新中国这一波澜壮阔的画卷。

每一幅图片、每一段文字都让我们回顾这段历史，铭记这段历史。通过征集到 1948 年发布"五一口号"内容的《人民日报》《华商报》《晋察冀日报》等相关文献和文史资料，将重要历史事件直观地展示出来，充分体现了"五一口号"的时代意义和价值。专题展开展以来，邯郸市委统战部、县（市、区）政协、各民主党派近千人进行了集体参观，得到各界人士的好评，进一步扩大了"五一口号"的社会影响。

发表一篇深化"五一口号"史料研究的文章，广泛凝聚共识

2023 年 4 月 27 日，在《邯郸日报》刊发纪念中共中央发布"五一口号"75 周年文章《深化"五一口号"史料研究 凝聚推进中国式现代化邯郸场景的磅礴力量》，通过"五一口号"发布的时代背景，毛泽东对"五一口号"初稿作出重要修改，"五一口号"开启协商建国历程，深化"五一口号"历史研究、凝聚广泛共识和磅礴力量四个篇章，重温中国共

产党与各民主党派风雨同舟的光辉历史，展现新时期我市各民主党派、无党派人士在各条战线、各个领域团结一心，创造美好新生活的精神风貌，凝聚起立足新阶段、奋进新征程的磅礴力量。

编印一期挖掘"五一口号"与邯郸渊源的专刊，讲好邯郸故事

为了深入挖掘、收集、整理"五一口号"历史资料，市政协文史委和文史馆工作人员走进位于涉县西戌镇沙河村的原陕北新华广播电台、邯郸新华广播电台机房、编辑部、廖承志宿办室等革命旧址，一张张残破的桌椅、一部部暗淡的老式电话机、一幅幅老旧发黄的照片……旧址内陈列的抗日战争和解放战争时期有关红色新闻文化的珍贵实物，勾起了一段段沧桑往事。

沿着一条"电台路"走到尽头，一棵老槐树下，一口甜水井旁，是陕北新华广播电台旧址。这是个北方农村常见的农家窑洞小院，五孔窑洞一字排开。由于年代久远，土坯墙显得有些倾斜。院子中间，伫立着中国国际广播电台首位英语女播音员魏琳同志的铜像。冲破敌人新闻封锁的红色电波，就从这里飞向全国。

一张播音桌，一架送话器，一把普通农村木椅，却发挥出"不亚于十万精兵"的巨大作用。在太行红色新闻文化陈列馆内，看着一幕幕情景，听着"五一口号"历史由来、发布过程，各民主党派、无党派人士在中国共产党的领导下协商建立新中国的故事，更加坚定做好这期专刊的决心和动力。编辑出版《文史精华》专辑，并向中华人民共和国和人民政协成立 74 周年献礼。

举办一次上下联动、广泛参与的研讨会，
激发奋进力量

2023 年 5 月 31 日，由河北省政协文化文史和学习委、邯郸市政协联合举办的"弘扬'五一口号'时代精神，凝聚团结奋斗磅礴力量"专题研讨会，在中共中央"五一口号"首播地——涉县西戌镇沙河村召开。

这是一次上下联动的实践活动。首次实现省市县三级政协文史工作协作联动，提升了围绕重大题材开展文史资料挖掘和研究的高度、广度、深度、力度。

这是一次内外协同的合作交流。邯郸市政协与石家庄市政协、保定市政协、中央统战部旧址陈列馆、平山县政协、阜平县政协等单位密切联系，交流合作，共享信息资料，形成了文史研究工作的强大合力。

这是一次广泛参与的文化盛会。省、市有关专家学者应邀参会，就连陕北新华广播电台播音员齐越的女儿齐虹和他的学生们也来到了活动现场。看着齐越工作过的地方，房内设备极简，一张播音桌、一架送话器、一把绒垫椅子而已。齐虹回忆了父亲当年播音的故事。她希望播音员应以"不要播错一个字"要求自己，做好党的"喉舌"。中国传媒大学播音主持艺术学院也将这里作为了红色教育基地。

如今，作为第五批河北省爱国主义教育基地，这里每年接待包括国家广电总局、国家新闻出版署在内的全国各地新闻出版广播电视部门的参观者及游客数万人，已成为广大干部群众特别是青少年接受革命传统教育和爱国主义教育的一个重要场所。

经历这次活动，我们颇有感触，收获很多。特别是给我们以后做好文史工作、文史活动和文史资料收集，提供了一个新的方向和新的思路，让我们通过文史资料和文史阵地，充分发挥"存史、资政、团结、育人"的职能作用，做到传播声音、传承事业、升华精神。

往事可鉴　未来可期
包头市政协文史馆改扩建亲历

杨清宇 *

　　为宣传和展示人民政协发展历程，充分发挥文史资料"存史、资政、团结、育人"作用，在包头市政协主席赵君同志的领导和分管文史委的副主席傅民同志具体负责下，包头市政协文史馆于 2023 年进行了改扩建。总展陈面积由原来的 128 平方米扩展到现在的 800 平方米，藏书5000 册，电子书 900 万字，改扩建工作历时近一年。通过这次文史馆改扩建工作，我们对政协的历史、现状和未来有了更深入的思考和展望。

岁月静好　负重前行

　　这是一段忙碌的岁月，我们在这个城市的大街小巷穿梭，寻找搜集政协委员和政协工作者收藏的相关史料。

　　康子铮、康交阳和康森祖孙三人都是包头市政协委员，如同接力赛一样，他们在包头市的医学发展史、政协发展史乃至政治经济发展史上都发挥了积极的作用。康交阳，包头市政协第八、九届副主席，已是耄

---

　　* 杨清宇，包头市政协文化文史和港澳台侨外事委员会副主任。

耋之年，我 7 月联系老人时，他因病住院治疗，让我 8 月再联系。等我 8 月上门拜访的时候，康主席将整理出来的厚厚两袋子照片、书籍、证件等资料交给我，并一一给我讲解。看着递资料颤抖的双手，我百感交集。这双手疗患祛魔，治病救人，撰写提案，挚诚奉献。老照片记录着他的汗水和荣誉，口述史讲述了他们祖孙三代政协履职的光辉岁月，寄语政协更美好的明天。分别时，看着老人家岁月沉淀过后的容颜，这分明就是包头市政协前世今生的最好见证。

付恒凯，包头市政协第十二届、十三届、十四届委员，包头稀土高新区农牧林水局高级工程师。那是包头市最热的一天，一早的温度就到了 34 摄氏度，我们约好在单位门口见面。我赶往约定地点时，远远地就看见他已如约而至，惊讶的是他身旁放着 3 个鼓鼓囊囊的大袋子。等我们提着袋子进了办公室，浑身都是汗水，他甚至连汗都顾不上擦就打开了袋子。袋子里装满了手稿资料，他从第一份手稿开始讲起，从黄河的历史讲起。看着一个个领导的批示和答复，看着被采纳的建议最终付诸实施，我感到了一名优秀政协委员的使命担当。他沧桑的容颜背后是基层劳作的艰辛，他每一个履职的成果都是他心系群众的见证，这一份份手写书稿是他热辣滚烫的人生。

市政协文化艺术界别的剪纸艺术家王红川老师听说我们改扩建文史馆，日夜赶工为文史馆设计了序厅的钢板剪纸艺术品《北疆之春》，成为文史馆亮眼之作。著名画家许世辉老师为我们创作了画作《书香政协》，为文史馆增添了浓厚的文化氛围。

奔走在熟悉的街道，看着忙碌的市民，寻找史料的一路让我们认识到，岁月静好，不过是一直有人在我们身后负重前行。他们付出了汗水，付出了青春，政协的事业收获了果实，文史馆里留下了他们的印记，政协的历史和现在有他们浓墨重彩的一章。

浩如烟海　撷英拾萃

历史滚滚向前，在这浩如烟海的历史资料中找到文史馆所需绝非易事，我们在档案馆、在博物馆、在委员家、在有关单位、在任何有可能留有史料的地方，查档案，查出处，查资料，查照片。在各处的大事记、总结甚至通讯信息里找我们想要的资料。

由于年代久远，好多史料都已湮灭或遗失在历史的长河里了。我们找到一位担任过五届市政协的党派副主任委员，他在政协的工作中多次获得奖励，想来他的史料一定很丰富。令人遗憾的是，他在头一年退休，刚好把所有的工作资料都处理了，我们非常惋惜，再早一点就能留下那些珍贵的史料。

我们沉下心在各种资料堆里找，照片要核对它背后的故事，文稿要尽可能找到作者当年撰写的前因后果，口述史要将每个受访者的提纲做好。在这堆积如山的资料中找出精粹，找出一抹亮点，我们使出浑身解数。1996 年 5 月 3 日，包头市发生 6.4 级地震，时任全国政协主席李瑞环同志对包头市政协报送的调研报告作了重要批示。为了得到这第一手史料，我们与时任包头市政协办公厅秘书处处长张守祥同志反复核对确认，又请他写了当时的情况说明，虽然最早的批示原件找不到了，但是当时的复印件留存了下来。

单位的其他部门在看到征集通知后，不遗余力地给我们提供了无私的帮助，提案委主任刘美英同志是一名资深政协工作者，她将市档案馆的有关政协提案的档案给我们全部复印回来，并亲自进行了初步筛选，将重要的内容一一签注，大大减少了我们的工作量。在后期制作获奖荣誉板块时，刘主任又主动将自己的获奖证书提供过来，为我们丰富展陈内容提供了大力协助。

　　在这浩如烟海的各类历史资料中，我们撷英拾萃，取舍思量，这不仅仅是政协的历史，它也是包头历史的重要组成部分。透过历史资料，体现了政协工作的硕果累累，在包头市的政治、经济、社会发展中留下了深深的足迹。

回首来路　展望未来

　　回首包头市政协文史馆改扩建工作，我们有问题、有思考、有探索。

　　在选址上，主席赵君同志、副主席傅民同志多次到现场调研论证，对比数据，最终确定了包头市图书馆作为文史馆改扩建新址。图书馆受众群体覆盖面广，人流量大，经常举办各类公益文化活动，市政协文史馆在此扩建目的是扩大宣传，让政协工作能够走进群众、贴近大众。

　　在功能上，新的文史馆具备了文史资料展示、研究于一体的功能。作为市政协第八界别活动组委员之家，委员们在这里进行每季度的学习研讨、工作讨论，社情民意信息撰写。文史馆成为他们很好的交流学习平台。同时文史馆还承担了外地政协参观交流的任务，各地政协可以通过参观，彼此交流经验，提出意见建议。

　　在展陈上，展厅分为序厅、人民政协的光辉历程、包头政协的实践探索、携手共进风雨同舟——旗县区政协、各民主党派及工商联、文史资料展示区六部分。特别将铸牢中华民族共同体意识作为专栏展陈，体现了包头市政协始终牢记铸牢中华民族共同体意识是新时代党的民族工作的主线，也是民族地区各项工作的主线，充分发挥专门协商机构作用，在建言资政和凝聚共识上双向发力，为奋力谱写中国式现代化内蒙古新篇章贡献更多包头力量。

　　在文史资料数字化方面，包头市政协文史资料共31辑全部完成了图书数字化工作，并与市图书馆智慧平台联网实现了资源共享。政协文史馆的意义在于收藏各级政协出版的文史资料和名人手稿，集征集、收藏、研究、展示和交流等功能于一体，成为文史资料的研究园地。其在文史资料工作和学术研究之间架起沟通的桥梁，挖掘和还原文史资料的多重价值，推动仍在前行的文史资料工作。

回首来路，我们也在改扩建文史馆工作中遇到了困难和问题：在史料收集方面，文史馆所展示的略显单薄，大多史料集中在 2000 年之后，而这之前还有着大量散落在各处的珍贵史料刻不容缓地等待挖掘，需要付出长期的时间和精力。我们迈出了最重要的一步，先建设起来，后期的馆藏再逐步丰富。在建设费用方面，市政协主席赵君同志多次协调，最终保证了文史馆的改扩建工程经费。但是改扩建后文史资料征集和整理、文献修复、研究交流、专题布展、人员配备、日常维护等建成后的日常工作经费，目前还没有列入年度财政预算，这也是文史馆建成后最重要的保障。在宣传展示方面，整理文史资料专题，整理展陈背后的故事，开展专题特色展，讲好包头故事还在初步实施当中，思路尚浅，方法不多。在数字化展览方面，还没有实现线上线下同步观展，口述历史的征集与整理还处于摸索阶段，数字化平台还没有建设起来。文史资料研究方面，目前还停留在以出版文史资料书籍为主，没有形成以文史馆为核心的文史资料研究基地。

展望未来，我们在探索实践。在展览和教育宣传方面，讨论如何通过展览布置、举行专题讲座和教育活动，以及利用多媒体和互动设施，增强公众对政协历史的了解。在数字化和信息化方面，学习如何运用现代信息技术，包括数字化档案、虚拟展览和在线资源，使文史资料更容易被公众访问。在合作与交流方面，基于不同地区文史馆之间的合作，分享资源交流、联合研究和展览项目的经验，以及如何通过交流提升影响力。在资金和人员方面，讨论如何筹集建设和运营资金，以及如何培训专业人员管理文史馆，包括策展人员、研究人员和志愿者。目前，有些工作已在具体实施，诸如按季度发送征集通知；为一些即将退出政协的委员和相关同志录制影像资料，作为史料储存；组织离退休老干部参观文史馆，发挥老干部作用，带动更多人积极捐献史料等。

目前，全国各级政协文史馆建设非常活跃，包头市政协也在学习中前进，在前进中摸索。往事可鉴，未来可期，记叙历史，功莫大焉。包头市政协将在以往工作基础上，继续做好文史资料的挖掘、整理、充实等各项工作，使政协文史馆真正成为记叙城市历史、政协历史，激发人们热爱之情的有力阵地，为地区各项事业高质量发展注入更强大的精神之泉。

我与文史之缘

亮梅*

自从我来到政协，便承担文史工作，参与了政协文史馆建设的整个过程。内蒙古乌海市政协文史馆承载着记录政协历史、传承政协文化、凝聚共识的重要使命，在其筹备与建设的过程中，每一项工作都至关重要，每一个细节都蕴含着深刻的意义。回顾我参与其中的经历，深感责任重大且使命光荣。

乌海市政协领寻们运筹帷幄、宏观规划人力、资金等保障逐步落实，我们负责与设计师们探讨文史馆的整体风格和布局，力求在展现政协特色的同时，也能符合现代审美，改善观众的参观体验。我信心十足，不辞辛苦，乐在其中，细心斟酌每一个区域的展示内容，力求让参观者漫步每一个区域都能深刻感受到政协工作的意义与价值。确保重点突出、层次分明，让人们能够清晰地了解政协的发展脉络和主要成就。

文史馆建设前期的工作内容包括几个方面。首先是对政协发展历史的梳理与深度挖掘。我找到中国政协文史馆的展陈内容后，有了启发和思路。此外，我还利用互联网查找其他各级政协文史馆的展陈内容，学习创新展陈方式，同时与学术界、文化界等领域的专家学者开展交流，

---

* 亮梅，乌海市政协文化委员会副主任，乌海市政协文史馆馆长。

邀请他们为文史馆的建设提供专业的意见。我还积极发动广大政协委员和社会人士捐赠史料，汇聚各方力量共同推动政协文史馆的建设。

文史馆建设期间，我埋首于浩如烟海的文献资料：从官方档案到时人记载，探寻政协发展的轨迹。政协的历次重要会议、多项关键决策、众多杰出人物，都成了我重点搜索和研究的对象。通过研读和分析，我逐渐勾勒出政协在不同历史时期的角色与贡献，明白了它如何在国家政治生活中发挥着独特而重要的作用。

我制订了详细的工作计划，深入学习、研究全国政协、自治区政协和乌海市政协的历史文化背景，精心规划每个阶段的目标和任务，明确时间节点和工作重点，确保各项工作有序推进。文史馆建设过程中有诸多需要综合考虑的因素，如资源的配置、工作的难易程度以及与其他工作的协调配合等等。通过不断优化计划，文史馆整体建设工作有条不紊地推进，为文史工作的发展奠定了坚实的基础。

史料的搜集与整理，是一项极具挑战性但又稍显枯燥的工作。我奔走于很多单位的图书室、档案室、尘封的旧书角落，与政协的前辈们交流，聆听他们讲述那些曾经的故事。他们的话语中饱含着对政协的深情，每个细节都如同珍贵的拼图碎片，拼凑出更为完整和生动的政协历史画卷。与此同时，我积极与相关机构和部门合作，获取大量的历史文件、照片、影像等资料。这些资料有的已经泛黄，或带着岁月的痕迹，它们都是政协历史的见证者。文史馆对这些资料进行分类、编目和数字化处理，确保了它们能够被妥善保存和方便利用。史料的甄别与筛选工作犹如沙里淘金，面对不同时间、不同内容的图文音视频资料，我们需要凭借敏锐的判断力和专业知识，挑选出最具代表性、最能体现政协精神的内容。这不仅需要对政协历史有深入的理解，还需要考虑展示的效果和参观者的兴趣点。入选的史料都经过反复斟酌和论证，确保其真实性、准确性和审美性。可以说，广泛搜集的各类政协史料和文献，为乌海市政协文史馆的建设提供了坚实的史料基础。

参与场馆设计与建设监督也是一项关键任务。从场馆的外观设计到内部的空间布局，我都积极参与讨论和决策，注重细节。从建筑材料的功能、价格、环保、美观等选择到灯光氛围的营造，我都时时跟进，与设计师及时沟通，力求达到最佳效果。在施工过程中，我时刻关注工程进度和质量，与施工团队保持密切沟通，及时发现和解决出现的问题，确保场馆建设既符合设计要求，又能满足实际需要。通过各方努力，2022 年 12 月 14 日，乌海市政协文史馆揭牌成立。

开始正常运行后，宣传推广工作同步展开，旨在让更多的人了解政协文史馆的意义和价值。我们通过各种渠道，如政协会议、新闻媒体、线下活动等，宣传政协文史馆的独特魅力和即将开放的消息。此外，我们还策划了一些预热活动，如主题讲座、展览预览、政协委员参观学习、书画活动等，吸引了社会各界的关注和参与。这些努力提高了乌海政协文史馆的知名度和影响力。开馆至今，已经陆续有重庆榕城区政协、黑龙江大庆市政协、山东东营市政协、鄂尔多斯市政协、伊金霍洛旗政协、二连浩特市政协等团队参观交流。

伴随着乌海市政协文史馆的建设，我也在学习和进步。细读《人民政协光辉历程》时，展陈里面的协商建国内容对我触动非常大。原来我对那段历史只是大概掌握一些粗线条的知识，仔细研读后，建立新中国伟大征程的努力、中国共产党与民主人士的故事等等内容着实让我感动、震撼、肃然起敬。回想起建设文史馆的诸多挑战和困难，比如收集不易找到的史料、多次调整设计方案、推进工程进度等，正是这些工作让我不断成长和进步，锻炼了解决问题和应变的能力。看到政协文史馆从无到有、逐渐成形，我充满了成就感。每一个展板、每一件展品、每一处设计都凝聚着我们的心血和努力。我用汗水、泪水和热爱，书写了一段难忘的工作篇章，希望能一直为政协文史馆的未来发光发热。

政协文史馆不仅是展示政协历史的场馆，更是传承政协精神、弘扬社会主义核心价值观的重要平台。它将为世人留下宝贵的精神财富，让更多的人了解政协、热爱政协、支持政协。祝愿这座承载着政协历史与精神的场馆永远熠熠生辉！

展望未来，我期待政协文史馆能够吸引更多的人走进来，发挥更大的作用，成为加强思想政治引领、广泛凝聚共识的重要阵地，成为人们了解政协、感受政协魅力的重要窗口，激发他们对国家和社会的关注和热情。同时，也期待我们的政协文史馆能够不断创新和发展，利用现代科技手段提升展陈效果和参观体验，开展丰富多彩的活动，扩大影响力和辐射面。

目前，乌海市政协做出了扩建、完善政协文史馆的决策，制订展陈大纲、搜集文史资料、草拟设计方案等工作正在紧锣密鼓地进行，我将继续为政协文史馆的发展不懈努力，积极参与各项工作，贡献自己的力量。

锡林郭勒盟政协文史馆建设始末

林占军[*]

　　2015 年 9 月，时任内蒙古锡林郭勒盟政协主席其其格按照全国政协、自治区政协的有关要求，对建设锡林郭勒盟政协文史馆提出了设想，并要求尽快组织人员外出学习考察，梳理出建设盟政协文史馆的思路。10 月 15 日、26 日，其其格主席带领有关人员分别赴赤峰市政协文史馆、天津市政协文史馆考察，学习借鉴两地建设文史馆的好经验好做法。

　　2016 年 3 月 9 日至 12 日，时任盟政协副主席张新亭、额尔登孟克，秘书长包金祥，带领我们一行赴天津市政协文史馆、天津市河东区政协文史馆、河北省政协文史馆进行学习考察，详细了解文史馆建设的构架及特点，以进一步形成初步构想和框架。回来后，盟政协文史委拟定了《锡林郭勒盟政协文史馆建设方案（征求意见稿）》，开始广泛征求各方的意见与建议。

　　2016 年 6 月 17 日，锡林郭勒盟政协召开第 12 届委员会第 31 次主席会议，专题研究文史馆建设工作，正式拉开了锡林郭勒盟文史馆建设的序幕。

　　会议研究决定，要把盟政协文史馆建设成为集征集、收藏、研究、

---

　　* 林占军，锡林郭勒盟政协文化文史和学习委员会主任。

展示、利用、交流等功能于一体的综合性文史馆，重点宣传和展示中国共产党领导的多党合作和政治协商制度及其实践成果；宣传和展示锡林郭勒盟政协的光辉历程和历史贡献；宣传和展示锡林郭勒盟政协委员履行职能、参政议政的成果；宣传和展示全盟经济社会发展和民族文化建设方面的光辉历程和优秀成果；并利用文史馆开展理论研究和学术交流活动。要按照"收集、存储、展示、共享，突出民族特色、地方特色"的总体设计思路，重点建成"锡林郭勒盟历史回顾展"展厅、"锡林郭勒盟政协光辉历程展"展厅、"蒙古族民族文化展"展厅、政协文史资料室、文史数据库和电子阅览室。

为了有序推进工作，其其格主席指出，自治区政协建文史馆用了3年，赤峰市政协建文史馆也用了3年，我们的建设时间估计也短不了。文史馆建设工作必须紧锣密鼓地抓紧推进，不能停歇；要细化工作，责任到人，可根据建设需要引进一些高端的专业人员参与，高标准完成文史馆建设。根据会议要求，成立了以额尔登孟克副主席为组长，包金祥秘书长为副组长，林占军、门德、白国华、李建文、塔拉、常霞等为成员的建设领导小组，明确了责任；出台了《锡林郭勒盟政协文史馆建设方案》，细化了文史馆的定位、重点与功能，建设的目的、方式、标准、步骤和期限，以及具体建设要求和相关预算等内容。

具体分工中，我负责"锡林郭勒盟政协光辉历程展"展纲撰写、资料征集及整个文史馆的布展工作，盟党史地方志办公室副主任李建文负责"锡林郭勒盟历史回顾展"展纲撰写及资料征集，盟政协民宗委主任门德负责"蒙古族历史文化展"展纲撰写及资料征集。于是，我们几人按照有关要求，全身心投入到了有关资料查找、相关内容梳理等工作之中。

为了更好筹划好文史馆建设，2017年1月10日至14日，额尔登孟克副主席又带领我们赴哈尔滨市进行了学习考察。其间，我们认真参观了哈尔滨市政协文史馆、黑龙江省博物馆、哈尔滨市规划展览馆、东北烈士纪念馆、侵华日军第七三一部队遗址纪念馆等展馆，学习这些展馆建设的好经验好做法，并对锡林郭勒盟政协文史馆建设构想、内容特点、展厅设计等进行丰富、查漏补缺。

这几个月中，为了找到适合盟政协文史馆建设的场地，其其格主席还带领我们到处奔波，经常去看一些能做展馆的房屋选址。几经波折，最后在盟检察院培训中心的二楼找到了一处场地可作为文史馆建设用房。这个楼层，恰好能够设计出来三个展厅和一个多功能阅览室，非常符合我们的建设要求。经协调盟检察院、报请盟行署研究后，盟行署批准将这个培训中心二楼约 600 平方米的房屋用于盟政协文史馆建设。

为了推进文史馆建设工作，盟政协多次召开"文史馆展纲材料征集、展馆建设设计事宜会议""文史馆建设推进会议"等，听取进展情况汇报，解决遇到的问题和困难。同时，成立了盟政协文史馆征集审定工作小组、布展工作小组、建设监理工作小组，限期购置相关设备，把三个展纲进行细化并查找相关佐证照片，对收集到的资料、实物进行整理和保存，征集各旗县政协、民主党派展板资料等，进一步把筹建工作做实做细。

6 月至 7 月，我带领文史委的同志利用 40 多天的时间，赴盟档案局，查阅、复制了所有与盟政协有关的历史档案。为了征集历史照片，我们还走访了第四届锡林郭勒盟政协主席高万宝扎布等老同志，他们纷纷提供一些老照片，以支持文史馆建设。同时，我们给河北省张家口市政协办公室发函，拟到张家口市档案馆（张家口市曾为察哈尔省的省会、内蒙古自治区的临时首府，与锡林郭勒盟有很深的渊源）查阅、复制察哈尔左翼四旗四牧场、察哈尔都统的设立、察哈尔蒙古兵西迁新疆、牛年兵变、察哈尔地区党的活动、红色交通线、吉鸿昌收复察北四县、察哈尔盟的建立、内蒙古自治运动联合会的成立、内蒙古自治运动联合会进驻贝子庙、察哈尔民众抗日同盟军等 16 个方面的内容。但我们在张家口市档案馆找到的资料极少。后来，就是因缺少资料，"锡林郭勒盟历史回顾展"这一部分没能做起来。

在征集历史资料时，一些老领导、老同志建议我们认真考证一下"内蒙古党委诞生地在贝子庙"的事情。对此，我们下了很大功夫，取得了巨大收获。

谈起内蒙古自治区，大家都知道是我国成立最早的少数民族自治区，1947 年 5 月 1 日成立于王爷庙（今兴安盟乌兰浩特）。但是对于内蒙古党委诞生于何时、何地，众说纷纭，鲜有明确记载。

有的历史文献中介绍乌兰夫同志任内蒙古党委书记的时间是从 1946 年 9 月 23 日至 1966 年 8 月 16 日。但多数资料又记载，内蒙古党委成立于 1947 年 7 月 1 日。1947 年 7 月 1 日，在王爷庙（今乌兰浩特）召开的庆祝中国共产党成立 26 周年大会上，乌兰夫庄严宣布：今天是内蒙古共产党委员会诞生的日子！下辖呼伦贝尔、兴安、纳文慕仁、锡林郭勒、察哈尔等地区的盟委和盟工委。这两个说法存在很大矛盾。且在那个革命年代，一个地区先成立政府、再建立党组织的做法非常罕见。

2015 年，看到时任锡林郭勒盟政协主席其其格查阅大量历史资料撰写的、刊登在《内蒙古文史资料》第七十七辑的《回忆锡林郭勒盟建政初期的统战工作》一文时，我对内蒙古党委成立的历史有了进一步了解。这篇文章中写道："1946 年 9 月 23 日，晋察冀中央局致电党中央并晋绥分局：为适应长期战争形势与内蒙古联合会迁至贝子庙后工作的需要，加强党在内蒙古地区工作的领导，提议建立内蒙古党委。由乌兰夫、奎璧、刘春、王铎组成党委会，乌兰夫为书记。内蒙古党委工作范围是锡林郭勒盟、察哈尔盟，绥远省的乌兰察布盟、巴彦塔拉盟，下辖中共锡察工委和中共巴乌工委。中共内蒙古委员会机关设在贝子庙。"这个记载与历史文献中记录的乌兰夫同志 1946 年 9 月 23 日始任内蒙古党委书记一致。

对于中共内蒙古党委机关曾设在贝子庙的说法大家已普遍认同。但是成立时就在贝子庙呢？还是成立后才去的贝子庙？大家众说纷纭，意见不一。多数人认为内蒙古党委只是在贝子庙工作过。

盟政协主席其其格综合这些老领导、老同志们的反映、建议，认为搞清楚内蒙古党委是否在贝子庙成立这件事对锡林郭勒盟来说意义非常重大，于是让盟政协文史委进一步做好相关的探究、考证工作。

接下来的一段时间，盟政协副主席额尔登孟克带领我们查阅了大量的资料。他在网上查到了胡宏宏博客上的文章《建国前中共内蒙古党委》、塞外文物张博客上的文章《1946 年晋察冀中央局建议建立内蒙古党委》以及《内蒙古革命史》等对这件事的记载，并用手机拍下来发给了我。我在联系两位博主未果的情况下，购买了本《内蒙古革命史》。在这本书中我们查到了其其格主席文章中提到的晋察冀中央局致电党中央并晋绥分局的电文《关于建立内蒙古党委的提议》，并知道了它在内蒙古自治区档案馆中，档案号为 10 - 2 - 253，这真是个意外喜讯。原来我们曾为这件事谋划着去中央档案馆查找资料，但因为种种原因而没能去。我们一直认为这些资料都应该在中央档案馆的，没想到内蒙古自治区档案馆也会有。说来真是踏破铁鞋无觅处，得来全不费工夫。

2017 年 9 月 20 日，受其其格主席委托，额尔登孟克副主席带领我们赴呼和浩特市收集锡林郭勒盟政协文史资料的同时，查找自治区档案馆中的相关资料。在自治区档案馆，我们不仅查到了《关于建立内蒙古党委的提议》电文原文，还查到了中共中央回复晋察冀中央局《同意成立内蒙古党委》的电文原文："晋察冀中央局：兹电悉，同意组织内蒙古党委提议及所提名单。中央，十月七日。"对此我们如获至宝，因为有了这份文件，我们就能确切地知道，内蒙古党委成立的日子既不是人们常说的 1947 年 7 月 1 日，也不是 1946 年 9 月 23 日，而是 1946 年 10 月 7 日。

　　根据王铎同志的回忆录《五十春秋》记载：1946 年 9 月 23 日，在向中央请示成立内蒙古党委的同一天，乌兰夫、刘春和王铎率少数机关干部、机要人员，携带电台、文书档案等，作为先头部队分乘三辆大卡车和一辆小汽车撤出张家口，经太仆寺左旗、化德、西苏尼特、东苏尼特、西阿巴嘎，向贝子庙（现锡林郭勒盟首府锡林浩特市）进发；由刘景平指挥的各单位人员和撤退物资的队伍陆续起程，经炮台营、宝源（今宝昌）、哈叭嘎、道英海日罕进入锡林郭勒盟。又根据那次最后一批撤往贝子庙的人员之一、原锡林郭勒盟委副书记太平回忆：乌兰夫等人于 1946 年 9 月底或 10 月初就到了贝子庙，而他们这批坐牛车走的，也在当年 10 月中旬到了贝子庙。也就是说，1946 年 10 月 7 日，中央正式批复内蒙古党委成立时就在锡林郭勒盟贝子庙。这一珍贵的历史事件的档案复印件，我们放在了盟政协文史馆的展柜里。可以说，这是我们建设锡林郭勒盟政协文史馆过程中的最大收获！

　　2018 年 7 月 4 日，经过近两年的筹备与建设，占地面积约 600 平方米，有"锡盟政协历程展""蒙古族历史文化展""锡林郭勒草原风情撷贝"三个展厅和一个多功能阅览室的锡林郭勒盟政协文史馆终于揭牌开馆了。至此，在锡林郭勒大草原上，有了一处宣传展示锡林郭勒盟政协光辉历程和重要成就的重要窗口、一处人民政协与社会各界人士交流的重要平台、一处研究政协理论、政协文化和文史资料的重要园地。

亲历通辽市政协文史馆建设

庄建军 *

通辽市政协文史馆位于市经济技术开发区，总面积 600 平方米，共上下两层，分通辽历史、政协专题、文史资料和文化艺术四个展厅，通过 500 多幅照片、300 多件实物、50000 余册图书、10000 多幅书画摄影作品，以及多个电子屏、视频等，向人们展示通辽地区各民族交往交流交融的历史、人民政协的发展历程和履职成果，展示丰富多彩的科尔沁文化及具有政协特色的文史资料工作。馆内还设有资料室、活动室、采编室等功能室，是一座集征集、收藏、展示、研究、交流等功能于一体的综合性场馆。2022 年底建成开馆。

作为亲历者，在开馆仪式上，我饱含热泪。回想文史馆从谋划、设计、施工，到建成开馆，每个环节、每个步骤我都亲历其中，付出的艰辛与汗水，无以言表。感觉就像自己的孩子，从呱呱落地的第一声啼哭，含辛茹苦地抚养，终于长大成人了。

初接重任　忐忑不安

2021 年 6 月，时任市政协副秘书长的我突然接到通知，随市政协主席吕永成实地察看文史馆选址，同行的还有秘书长于德泉和文史委主任

---

* 庄建军，通辽市政协文化文史委员会主任。

杜金刚。8月,我转任市政协文史委主任。9月,随吕主席赴浙江省杭州市学习考察文史馆建设。那时,我以为建文史馆不会很快上马。因为我在政协机关工作20多年,自2008年通辽市三届政协时就提出了这一构想,四届、五届政协也都有提及,并到株洲、赤峰等地政协文史馆考察,但由于多种原因没有实施。我以为这次一样会有大把时间去研究。

11月初,吕主席又带队考察选址。经过反复对比,初步选定孝庄河岸26、27两幢楼为文史馆用房。

11月12日,时任市政府常务副市长张鸿福主持召开专题会议,市政协主席吕永成、分管副主席、秘书长和财政局、国资委、房地产开发公司等部门单位的负责同志参加。我汇报了文史馆选址、初步设计构想、建设经费等,各部门负责人纷纷表态支持。会议最终确定了文史馆选址、建设、运行经费等事项,并以会议纪要形式加以明确。直到这时我才相信,这事是板上钉钉——敲定了。

也是这时我才知道,吕主席在年初就向市委、市政府主要领导汇报这项工作,领导们非常重视,并且给予大力支持,这才有了后续的选址、专题会议、建设经费等。

当时,我是又激动又忐忑。激动的是经过几届政协的努力,通辽市政协文史馆终于进行到实质性操作阶段,有望在这一届完成;忐忑的是我作为政协文史工作的新兵,这么艰巨的任务能完成好吗?几昼夜的思想斗争后,我暗暗下定决心,一定要尽己所能把文史馆建好。

组建机构　形成合力

在主席会议领导和谋划下,我们成立了由宣传部、财政局、文旅局等10多个部门组成的筹建领导小组,吕永成主席任组长,常务副主席盛勤和分管文史工作的副主席包立群任副组长,政协秘书长和各部门主要负责人任成员，并明确各部门职责分工。在建设过程中，领导小组成员单位全力支持配合，发挥了重要作用。

从我市历史研究学者、政协专家、文化名人及收藏名家中精选了30多位专家，成立筹建专家组。从设计理念、展陈内容、展陈大纲等方面，随时请教，多次召开专家组成员会议进行研究论证，反复修改，成为文史馆建设的强大助力。

市政协机关也成立了综合协调、规划设计、资料征集和装修布展四个工作组，于德泉秘书长和我各担任两个组的组长，机关干部职工全员参与，形成了建设文史馆的合力。

集思广益　方案初定

万事开头难。当最初的兴奋与忐忑过后，最犯难的是文史馆要建成什么样，如何建？从领导、专家到工作人员，纷纷提出建议。综合大家意见，结合考察学习的经验，依据通辽市实际，提出了文史馆的功能定位为中国共产党领导的多党合作和政治协商制度的传播教育基地，人民政协历程和通辽发展历史的宣传展示窗口，文史资料和文化艺术的研究创作阵地，对外交流合作的开放平台；主要作用是征集、收藏、展示、研究、创作、交流；具体分为通辽历史、政协专题、文史资料、文化艺术四个展厅。这一设想得到各方的一致认可。根据这一功能定位，我立即着手起草建设方案。经过6次讨论修订，2021年12月29日，领导小组和专家组通过了建设方案。之后，我又马不停蹄地撰写展陈大纲，在广泛征求意见并不断修订完善后，展陈大纲也于2022年4月初步通过。

在这期间，我因食道问题做了个小手术，需要吃一个月的流食。任务这么重，时间这么紧，怎么办？我当时非常着急。要特别感谢我爱人对我工作的理解和支持。术后10天我就返回了工作岗位，她每天费尽心思变换着花样做好吃的，熬汤、榨汁……既要利于术后恢复，又要保证营养。怕流食不抗饿，在我上班、加班时都榨好一瓶果汁给带上，就像对待幼儿园的孩子一样悉心照料。如此，我才能在这期间乃至整个文史馆建设过程中始终保持旺盛的精力，全身心投入。

征集先行　信心倍增

筹建之初，最担心的是展陈实物，文史资料就不说了，其他实物展什么？有什么可展？无论是领导还是具体工作人员，都担心不已。

没想到，征集通知一发出，历届政协领导和社会各界人士就给我们吃了一剂定心丸。市政协原主席王佐玉、原副主席田来春、黄青山、张庆宗，原专委会主任乔子良、生广全、聂锡文、杜金刚等老领导，以及张铁男、李庚文、吴荣海等社会各界人士第一时间响应支持，让我们对建好文史馆信心倍增！

我还清晰记得，2022 年 1 月 12 日，我们向社会发出征集通知。1 月 19 日，一个星期的时间，王佐玉主席就整理出图书、画册等 210 册捐赠给文史馆。到现在，已经陆续向文史馆捐赠画册、图书、相片及工作实物 1300 多件，还将多年积累保存的 4 万多幅照片制成电子版捐赠给了文史馆，是当之无愧的捐赠第一人。在捐赠仪式上，王主席深情地说："把这些捐给文史馆，就像放在家里一样放心。"我有幸曾和王佐玉主席共事，在岗期间他把全部精力投入到工作上，退休后又致力于社会扶贫工作，得知市政协要建文史馆后更是把全部精力投入到资料整理中。王主席爱人说："小庄啊，王主席知道你们要建文史馆，就天天窝在家里鼓捣，就像嫁女儿整理嫁妆一样。"

原哲盟政协副主席田来春已经 86 岁高龄，得知政协建文史馆，将珍藏多年的、包括 1956 年与毛泽东等党和国家领导人的合影以及任全国政协委员期间的合影、优秀提案证书、委员证等 37 件宝贵藏品捐赠给文史馆。

宁立新、王蒙、罗中伟、王金、胡春、王湘涛、邰健、梅志魁、戴云峰等新老委员纷纷行动，王金山、王子玉、乌力吉巴雅尔、刘科、刘忱等社会各界人士和市文联、电视台、报社以及书画、摄影、作家协会等部门团体踊跃支持，各民主党派、工商联、各旗县市区政协及机关干部职工齐动员，很快就征集了大量藏品，极大丰富了馆藏。

在广泛征集的同时，征集组同志也沉到档案中查找资料、图片，特别是机关赵萌、陈悦、杨絮飞等同志，夜以继日，第一时间将档案中的政协履职相片、履职成果整理筛选出来，扫描成电子版，为后续的装修布展奠定了坚实基础。

同时，我和陈喜明副主任分别带领文史委和老干部科同志，白天拜访老领导、老专家征集资料藏品，走访史志办、档案局、新闻媒体查阅历史资料，利用休息时间到资料室整理资料摸清家底，反复挑选拟展出的图片，斟酌核对文字……一个人恨不得掰成几瓣用。回想起当时的近300 个日日夜夜，累并快乐着。

在吕永成主席和于德泉秘书长的统筹协调下，文史馆建设的评审、招标等工作也同步有序推进。为了节省资金，我们没有委托第三方，机关财会孟令娜同志，一边要负责建设资金申请支付管理工作，一边还负责着财政评审、组织招标等基础性工作，由于我们原来没有做过类似项目，都是边联系边求教，边学习边推进……正是在财政评审中心、公共资源交易中心等各方的大力支持配合下，各项建设工作得以顺利推进。

好事多磨　玉汝于成

为什么用这个词？不是我夸大其词，也不是我表功请赏，而是在建设过程中的真实感受——事非经过不知难，成如容易却艰辛。

在做消防设计时，发现此建筑是商用民建，没有配套建设消防设施，附近也没有消防管道可接，需要重新设计。还有图纸审核、预算评审、招标公示等，直到 6 月 29 日晚上 9 点多招标工作才结束。

本以为进入施工阶段能松口气了，结果开工第二天就被叫停了。原因是施工方未按施工公告中承诺设置隔离板，建筑垃圾乱放影响了周边居民，有居民投诉了。接到消息后，刚送走上级调研组的我第一时间赶到现场了解情况。到现场一看，确实如此。我立即召集施工方、监理方碰头，决定立即采取清运垃圾、设置隔离板等补救措施，同时再次明确施工要求。部署完后，又立即和赵萌拎上水果、牛奶等到居民家中登门拜访，诚恳道歉，表示一定督促施工方按公告承诺施工，并承诺当日全部处理完……一直到晚上七点多才处理好，拍照录像发给周边居民，居民表示满意后我才放心回家。

中标方在沈阳，由于疫情管控，多数时间无论是我们去还是他们来，都需要隔离 14 天，布展设计只能通过"线上网来"沟通对接。中标方的现场施工人员怕隔离耽误工期，从 7 月初进驻后，一直到开馆，近 6 个月的时间就没回家。

布展设计也是一波三折。经过现场实地测量，发现展陈大纲中政协专题展厅设计内容过多，地方有限，展示的图片过小，影响整体效果。经多次沟通讨论，最终采取保留"人民政协光辉历程"设计内容不变，其他几个板块的内容重新设计，"通辽政协"板块由原来的四个部分压缩至两个部分，"党派团体""旗县政协"也压缩了展陈内容，同时增设电子显示设备，用容量换空间，保证展出效果。这也给我们提了个醒，我们重新核对各展厅的图片大小、展陈效果等，还发现了有的地方图片过密、偏小等问题，又进行了多次修改。记得当时审核修改展陈设计内容多是在晚上。有一次没看时间，修改后直接将修改意见通过微信反馈给设计方。他们第二天打电话问我是不是一晚没休息？我还奇怪他们怎么知道。后来一看，我给他们发修改意见时已经是凌晨两点四十多了。

文史馆原计划播放通辽发展成就和政协履职剪影两个宣传片，脚本也基本定稿了，后改为播放通辽历史文化和通辽政协发展历程两个宣传片，脚本需要重新写。说实在的，我一不懂历史，二不懂文学创作，起草历史文化脚本就像老虎吞天——无从下口。领导和专家们建议我找外援。经过多方问询，大家一致推荐了我市知名作家、市政协委员、市文联副主席宁立新。宁主席在征集书画、摄影和本土作家作品中就给予我们非常大的帮助和支持，再找她我都不好意思了。但没办法，只得硬着头皮去找。宁主席一听文史馆用，非常爽快地接下了，并根据我们的要求，很快拿出了脚本。

不知不觉进入 10 月份，距离开馆的时间也越来越近。内蒙古部分地区新冠疫情暴发，工程进度受到影响，到 11 月份，甚至连用料和设备也进不来，施工人员也找不齐了，一直到 12 月上旬。管控放开后，全体人员带病上岗，赶进度、抢工期。特别是机关行政科丛峰及文史委赵萌、陈悦、冯仲秋等人，白天筹备两会，晚上不是在资料室整理打包需要运到文史馆的图书资料，就是在文史馆分类整理上架……为了如期开馆，大家都拼了。

吕永成主席、包立群副主席，在文史馆开工建设后，只要条件允许，几乎每周都要去文史馆一次，现场指导、调动进度，给大家鼓劲加油。

2022 年 12 月 29 日上午，举行开馆仪式，自治区党委常委、通辽市委书记孟宪东，市政协主席吕永成出席并揭牌。

正如包立群副主席在主持时讲到的"刺骨寒风抵不住我们政协人火热的心"。在为领导和嘉宾介绍时我动情地说："作为一名 20 多年的'老政协'，能亲身参与这一圆了几届通辽政协人文史馆梦想的大事，深感自豪与骄傲！"

文史馆建成一年多来，积极开展历史研究、笔会交流、读书分享、宣传教育等活动，为展示人民政协的光辉历程，展示通辽市各族人民在党的领导下，共同团结进步、共同繁荣发展的生动实践，发挥了积极作用。

今年恰逢中华人民共和国和人民政协 75 周年华诞，相信通辽市政协文史馆一定会在新的历史起点上发挥出更大的作用！

这个地市级政协文史馆何以独具魅力

沈建钢*

常州政协文史馆（新馆）于 2019 年底完工，2020 年 6 月 28 日开馆，至今已经四年了。在规划建设过程中，我们参观学习了国内很多政协文史馆，特别是中国政协文史馆、天津政协文史馆等等，借鉴大家的先进经验和做法，是巨人的肩膀为我们提供了较高的起点。建成之后，场馆面积 1000 多平方米，墙面展陈面积近 3000 平方米，是一个中小型文史馆。近四年来，共接待全国各地政协团队 400 批次，参观者近 6 万人次，给参观者留下了深刻的印象。

一　匠心，方寸之间有天地

1949 年 9 月 28 日，新中国成立前夕，常州市召开第一届各界人民代表会议，选举成立协商委员会，成为常州政协组织的前身。1956 年 2 月 5 日，改组成立中国人民政治协商会议常州市委员会，至今已有 15 届。在这段光辉岁月中，闪烁着常州政协组织的智慧光芒，始终高举团结和民主两大旗帜，切实履行政治协商、民主监督、参政议政重要职能，

＊ 沈建钢，常州政协文史馆馆长。

历届委员以生动的履职实践，在常州发展的各个历史阶段，镌刻下鲜明的政协印记。政协的作为和委员的贡献为常州政协文史馆的建设提供了丰富翔实的史料。

按照规划设想，常州政协文史馆是一个集展示、研究、收藏、交流等功能于一体的综合性文史场馆，坐落于人流如织的市文化广场这一公共区域，与常州市图书馆互联互通，具有得天独厚的硬件资源、流量加持和文化支撑。经过前期运行的探索实践，政协文史馆的功能定位逐渐拓展为"政协履职成果展示馆、委员风采展示馆和政协文史博物馆"，突显委员主体地位，广泛联系社会各界。

常州政协文史馆不大，如何将政协组织的独特贡献展示出来？如何让历届政协委员的履职风采激励后人强化责任担当？如何引导更多人深刻认识人民政协的制度优势？所谓螺蛳壳里做道场，细微之处也能见真章。我们在筹划建设时就精心谋篇布局，按照上墙展陈内容精益求精的要求，布置了8个展厅，高度浓缩了历届政协的精华；同时充分利用现代信息技术，设置了13个视频和相应资料数据库，做到有限的墙面展陈与无限的数据库储存相结合，使这个小场地实现了大容量。

馆内虽然只在墙面展陈了373张图片，但都是从市档案馆、市政协档案资料室5万多张图片中精挑细选的，每张图片的背后都有一段精彩的履职故事。民建中央主委胡厥文在常州的合影老照片，见证了常州在上世纪80年代成为工业明星城市的高光时刻。老委员高钧的全省首张个体工商户和私营企业营业执照，记录了改革开放的光辉历程和时代成就。

赵华宇，常州清真寺伊玛目。1956年，他成为第一届市政协委员。从第一届到第十二届，担任市政协委员长达60多年，提交了上百份提案和建议，尽心尽力地为穆民排忧解难，彰显委员责任担当，是常州政协发展历程的见证者和亲历者。

2021年12月2日，97岁高龄的赵华宇在儿子的陪同下，精神矍铄地参观文史馆。展陈的档案资料、泛黄的纸上的字迹仍清晰可见。赵华宇凝神细视每一件珍贵资料，对自己的履职经历依旧记忆深刻，不时与陪同参观人员诉说着过往。

40多分钟的参观时间虽然很短暂，但在赵华宇心中引发的记忆却很绵长，对党的领导和关怀、政协事业发展和民族团结进步，充满感慨，心怀感恩。他说："我不担任政协委员已经好多年，我的责任还没有忘记。"赵华宇的儿子赵忠和解释说："父亲虽然年事已高，但是思路还很清晰。作为曾经的政协委员，他的初心和责任一直没有丢掉，还是不断地反映穆民需求，为民族宗教事业的发展奋斗不止。"老人的精神境界使我们十分敬佩。

历届委员名单全记录，镌刻了全体政协委员参政议政的难忘经历和珍贵记忆……把这些鲜活的故事串联起来，就是常州政协最生动的履职实践。

常州政协文史馆里唱主角的是政协委员，文史馆的建成实现了广大政协委员和社会各界人士的夙愿，激发了委员们强烈的归属感和责任感。新委员履职之初必到文史馆学习参观，从政协发展历程中、老委员的事迹中汲取智慧和力量，接好历史接力棒。不少委员主动将自己珍藏的艺术作品、拍摄的珍贵照片捐赠出来，不遗余力地支持文史馆的建设。

2021年，曾在市文化艺术馆工作的老委员徐和平在文史馆的委员名单中看到了自己的名字，自豪之情油然而生。

徐和平是常州市领导出席重大活动的摄影师，她曾经深入机械、纺织等重点企业，拍摄了许多企业发展的照片。她也是第十届和第十一届政协委员。在媒体上看到政协文史馆开馆的消息后，她带着对市政协的一份感情，特意前来参观文史馆。然后，她主动找到市政协领导，充满感情地说"我把珍藏的老照片捐献文史馆"，希望收下她的心意。

后来，文史馆在书画长廊专门举办了一期"徐和平委员老照片摄影展"，在数千张老照片中挑选了150多幅，分工业遗存、大运河遗产、历史文化街区、市民生活等板块布展，勾勒起40后、50后、60后市民的奋斗青春回忆，以及人们对老常州的记忆，前来参观的市民络绎不绝，收到了很好的效果。

市政协结合"复兴老城厢"协商议事活动，专门组织了老常州图片展，徐和平和耿荣兴等老一辈摄影工作者一起，展出精品佳作，为常州市民留下了珍贵的记忆和温度。

二 活动，持续注入新动能

结合政协履职实际需求，我们不断扩大文史馆的活动空间和实践载体。充分利用市文化广场人流量大、人员整体素质较高的优势，设立社情民意信息采集点、政协书房、市级"协商议事厅"、阳光中庭展厅等，打造"一馆一廊两厅三中庭"立体化平台矩阵，为举办各类展览、学习交流、协商议事活动创造了良好条件。我们把文史馆活动开展纳入市政协年度工作计划，同步谋划、同步推进。每年至少举办2场专题展览，组织4场"有事好商量"协商议事活动，开展1轮界别主题活动月，邀请市党政主要领导、政协主席会议成员、政协委员、政协各参加单位等广泛参与其中。

市政协党组、机关党组切实强化党建引领，发挥政协文史馆在思想政治引领、广泛凝聚共识中的作用，引导广大委员和群众进一步坚定人民政协制度自信。全市政协系统、机关事业单位、学生团体频繁来此"打卡"，开展各具特色的实践活动，激发了文史馆的蓬勃生机。两年来，文史馆先后被评为"常州市基层党建样板项目""常州市爱国主义教育基地"和"常州市委党校现场教学基地"。

开馆以来，我们以学习"四史"和政协发展史为主要内容，开展了

"学历史促履职"活动，教育引导广大委员和政协机关干部从历史发展中、从老委员的事迹中汲取智慧和力量；与图书馆互动协作，举办分享式读书活动，选荐委员开办专业讲座，有力助推"书香政协"建设；把市级协商议事厅建到文史馆，围绕"复兴老城厢""建言'十四五'""创新再出发"等议题，开展联动式协商议事活动，把浓厚的协商氛围融入文史馆，引导委员开展沉浸式履职；开辟委员活动专场，先后举办"辉煌40年"老照片展、"欢乐中国年"吉祥字非遗展和"走进极地"风光摄影展等特色展览；在庆祝中国共产党成立100周年之际，精心策划"颂百年华诞、展政协风采"大型专题展，围绕"跟党走、颂党恩、增党辉"三大主题展开；"看变化，谋发展"——政协摄影作品资料展，精选100张照片（其中50张老照片，50张新照片），从新老照片对照中看变化，看发展。通过这些展览，介绍和讴歌了近百年来，常州的共产党人和政协委员的感人事迹和高尚情怀，唱响了一台"同心跟党走、奋进新征程"的重头戏。全国政协委员丁佐宏，是工商界无党派人士、知名民营企业家，从创办常州月星木器厂起家，得知市政协办展，特别委托其弟省政协委员丁佐勇带回"月星三宝"（斧子、锯子、刨子）及各类证书、奖章、奖牌，并将"三宝"留下供文史馆珍藏。

何祖大，任职过市政协副主席、市委统战部部长，现已经退休多年。他在工作期间，曾经担任过常州市援疆工作组组长，在新疆阿勒泰地区担任领导。带着党组织和常州人民的重托，带着帮扶地区经济发展的责任，何祖大全身心投入工作，调查研究、制订方案、落实项目、推动发展。为加强民族团结，他不辞辛劳，深入基层，访贫问苦，排忧解难。由于工作成效显著，他荣获"全国民族团结进步先进奖章""全国对口支援新疆先进个人"等荣誉，被邀请到人民大会堂接受表彰，受到党和国家领导人接见。在援疆中高强度的工作，给他的身心带来了严重影响，埋下了隐患。后来，他中风病倒了。

我们在展览中介绍了他的援疆事迹，他在夫人的搀扶下，颤颤巍巍来看展览，当看到介绍自己援疆的情况时，何祖大流下了激动的泪水。他在上海工作的女儿得知此消息后，也很振奋，为了感激父母、教育孩子，她利用双休日，带着全家专程从上海来常州，一家三代五口参观展览，何祖大自豪地对小外孙说"外公这辈子干得值了"！孩子在参观中分享和传承父辈祖辈留下的宝贵精神财富。

馆内"政协讲堂"专供青少年开展实践活动，我们还邀请全市 17 所高中的模拟政协团队来馆参观，安排市政协委员与学生"委员"分享提案的形成过程与撰写心得，并就相关议题开展讨论，帮助广大青少年学生真切感悟协商民主实践。讲堂的书架上摆满了全市政协系统编辑出版的地方文史著作和"三亲"史料，数据库里收集了由市政协编辑出版的所有书籍电子版，为常州名人名城文化研究者及文史爱好者提供了宝贵的参考资料。

三　充实，不为未来留遗憾

常州政协文史馆既从历史纵深的角度全景反映历届政协履职成果，又从全市政协系统的广度展现辖市区政协和各民主党派、工商联、无党派代表人士民主实践，形成了各地各界、各党各派学习交流、比学赶超的"同心园地"。我们在馆内"肝胆相照"和"携手共进"板块分别设置了数据库，由辖市区政协和各党派团体各自安排内容，并不断充实视频、图文资料。

考虑到现有场馆面积有限，我们在常设陈列上下功夫，定期换展，不断上新，常换常新。市政协办公室和研究室统筹协调，各专委会协力配合，共同做好展陈更新和数据库资料充实工作。在策展理念、陈列语言、数字化手段的运用等方面不断创新、与时俱进，增强互动性和讲故事的能力，借助常州发布、常州政协微信公众号等新媒体宣传平台，扩大文史馆的对外宣传力度。每逢重大节日和重要节点，制作短视频等数字展览内容，及时反映最新动态和信息。在政协换届之际，专门组织各专委会凝练十四届政协期间的履职工作，分别制作了时长 5 分钟的履职短片，在此基础上，制作了十四届市政协的履职专题片，及时充实到文史馆的数据窗口。

为顺应发展之需，我们也加快了队伍建设的步伐。通过专题培训、实践锻炼和技能比拼，营造比学赶超、奋勇争先的浓厚氛围，把市政协机关年轻干部培养成文史馆的金牌解说员，承担重要接待和解说任务，引导和培养机关干部加强学习政协理论和知识，努力成为服务政协工作的行家里手，同时弥补文史馆没有人员编制的短板，为文史馆发展持续注入新动能。

高标准建设　全方位展示
努力打造连云港政协文化文史新阵地

章磊*

　　经过一年多的规划建设，备受全市瞩目的连云港政协文史馆终于在 2024 年 1 月 8 日建成开馆。在开馆仪式上，市政协主席王加培和市委常委、宣传部部长朱兴波共同为文史馆揭牌。当十届全国政协副主席李蒙题写的"连云港政协文史馆"匾额出现在众人面前的时候，掌声响起，而作为亲身参与者之一，我也流下激动的泪水。

　　连云港政协文史馆坐落于市图书馆的六层。作为文史馆所在的新的市文化活动中心，由连云港大剧院、图书馆组成的建筑呈"水滴"造型，是连云港市地标建筑，格外炫酷。而连云港市图书馆也是江苏省地级市建筑面积第二大图书馆。该馆六层建筑面积 3000 多平方米，实用面积 2200 平方米，规划改造面积近 900 平方米。建设项目被确定为 2023 年全市 50 件民生实事，于 2023 年 6 月 28 日由市发展和改革委员会以连发改行服〔2023〕53 号文批准建设，总投资概算 594.45 万元。项目采用 EPC 模式，设计施工一体化，8 月 29 日通过公开招标方式确定上海合壹未来文化科技有限公司为工程总承包单位。

---

　　* 章磊，连云港市政协学习文史委员会主任，文史馆馆长。

工程于 2023 年 9 月 16 日开工建设，历经 3 个半月时间，于 12 月 29 日通过竣工验收。除文史馆外，还同步建设了界别活动室、政协书房、政协书画院、文史研究员专区等功能区。作为核心区的政协文史馆共分为八个部分，分别为序厅、光辉历程、勇毅前行、丰硕成果、创新发展、委员风采、固本强基和文史角（政协故事讲堂），总布展图片近 500 张，实物 100 余份，视频资料 8 类几十余种。文史馆设置各类显示屏 7 块，一座以"致敬"为主题的雕塑。各展厅主题鲜明、内容翔实，以丰富厚重的文史资料多角度、全方位宣传中国共产党领导的多党合作和政治协商制度及其实践成果，生动讲述、系统回顾了人民政协走过的光辉足迹和连云港市政协事业的发展历程，全面展现了历届连云港市政协在中共连云港市委正确领导下，全面履行政治协商、民主监督、参政议政三项职能，为推动连云港高质量发展所做的卓有成效的工作。

事非经过不知难。回顾文史馆的建设过程，我深刻感受到，政协文史馆建设是一项系统工程，涉及项目立项、资料征集、布展建设等各个重要环节，对于政协机关同志而言，绝对是一种考验。整个文史馆从提出到建成，大体经过了以下几个阶段。

一是前期调研学习取经。由市政协领导带队，先后分三次赴省内的徐州、常州、泰州、盐城以及北京、哈尔滨、沈阳等地学习参观。省内先进地区文史馆建设的经验做法，对连云港政协文史馆建设启发很大。首先是地点的选择，常州政协文史馆坐落于图书馆，连云港政协文史馆也选择在市图书馆。在图书馆建设文史馆最大的好处是可以借助图书馆的读者资源，形成共赢。其次，对于展陈内容是否以时间为轴也有过争论。有的地方是以时间顺序、按届次来布展，有的地方则主要以履职形式和内容来进行布展。经多方讨论，市政协党组确定连云港政协文史馆不按时间为轴，重点为丰硕成果部分，分别从经济、社会、民生、统战以及提案等方面展开。

2023年7月17日至20日，王加培主席带队前往中国政协文史馆和哈尔滨、沈阳政协文史馆进行实地学习考察。在中国政协文史馆，我们在讲解员介绍下参观学习，深受教育和启发。通过参观，我们对人民政协的发展历程和取得的丰硕成果有了更深刻的认识，也更加坚定了建好地方文史馆的信心和决心。哈尔滨和沈阳两地的政协文史馆各有特色，从中我们也借鉴了很多好的经验做法。考察后，第一时间召开会议进行讨论，进一步拓展了思路，对原来的布展大纲进行了大幅度修改，调整了"丰硕成果"章节内容，增加了"创新发展"板块，主要反映党的十八大以来连云港市政协认真学习贯彻习近平总书记关于加强和改进人民政协工作的重要思想和指示批示精神，结合本地工作实际的一些工作探索和成果，总结为四个"新"：构建协商议政新格局、打造协商议事新平台、探索委员工作新模式、彰显书香政协新特色。这一部分的设计风格迥异于其他篇章，其中一个特色就是四个板块都是以习近平总书记对政协工作的重要论述作为指引来加以展示。

二是逐步深化文史馆设计方案和布展方案。文史馆设计方案主要分两个阶段，第一个阶段是对设计方案进行招投标；第二个阶段是对深化设计进行招投标。随着学习考察和项目深度推进，我们对文史馆的布展理念逐步优化，布展方案渐渐成熟，在借鉴外地展馆好的经验的同时，逐步形成自己的特色。特别是北上考察后，根据最新的布展大纲，撰写完成布展脚本，明确每一板块的主要内容、展示原则和工作方向，反复推敲打磨，力争精益求精。从确定目录，到形成脚本大纲以及脚本，到布展内容一比一上墙，可以说几易其稿，推翻重来实属正常。在这过程中，市政协党组先后六次听取布展内容汇报，在每个阶段对每个环节都提出明确要求，指导完善，推动进展。

三是多渠道开展资料征集。资料征集贯穿了文史馆建设全过程。前期我们开展了政协记忆、文史馆展藏品等征集活动，重点聚焦文献、照片、影像资料、文物资料，列出政协文史资料征集清单，在政协公众号、连云港手机台、市图书馆公众号等媒体平台发布征集公告；同时多次赴市档案馆对接政协档案工作，发函报社、广电收集有关资料；主动与老主席联系征集文史资料；认真阅研市政协常委会历年工作报告，梳理市政协历年来尤其是近年来的履职成果和工作亮点。

四是扎实推进文史馆建设。文史馆建设工作在市政协副主席、党组副书记方韬带领下，由文史馆建设专班具体落实。由于时间紧、任务重，我们按照"一超前、三细化"（设计超前，细化方案、流程、节点）的要求，严格对照党组明确的开馆时间进行展望，倒排工期，超前思考可能影响开馆的各种问题，设计与施工同步推进，边设计边施工，尽最大力量做到设计方案进一步优化、施工流程进一步细化、工期节点安排进一步具体化。在施工过程中，针对序厅和接待室回音问题、灯光电音设计、监控点位布局、画廊区布局、展板衔接、色彩搭配、展馆智慧科技性等反复论证，提出合理化建议。布展大纲确定后，我们与设计团队反复研磨论证，加大整改力度，在确保安全、质量的同时，综合考虑经济性、美观性，确保文史馆体现较高的建设和布展水平。

连云港政协文史馆建设过程中，在王加培主席的关心推动下，机构建设取得突破。2023 年 9 月 21 日，市委编委印发了《关于成立连云港市政协文史馆的批复》，同意设立连云港市政协文史馆，为市政协办公室所属公益一类全额拨款事业单位，机构规格为正科级，核定事业编制 5名，并且明确了机构职责。连云港市政协文史馆形成了机构、人员、展馆"三独立"的运行机制。

自 2024 年 1 月 8 日开馆至今，入馆人数过万人，已然成为本地人"打卡"的标志性展馆。据不完全统计，开馆后相继接待山东省人大常委会原副主任、连云港市委书记以及外地市政协主席、市政协专委会所联系的界别委员以及县区政协委员。为配合开馆，我们还在全市政协组织和政协委员中开展了书画征集活动，举办了"翰墨新韵"书画作品展。这些作品用书画的形式记录和展示了政协独特作用和港城发展之美，具有较高的艺术水准和深厚的家国情怀，表达了全市政协人的拳拳发展心、悠悠民生情。

　　建成后的连云港政协文史馆将积极开展文化领域的合作与交流，不断提炼地方历史精髓，挖掘人文底蕴，研究文史课题，创作文化精品，为更好地宣传推介连云港，助推我市历史文化名城创建提供强有力的支撑。

铭记光辉历程　凝聚奋进力量

——宿迁政协文史馆建设侧记

沈辉[*]

　　一幅幅照片展现往昔，一桩桩事迹镌刻时光。2023 年 9 月 21 日，在人民政协成立 74 周年、地级宿迁市政协成立 27 周年之际，宿迁政协文史馆正式开馆，标志着以宿迁政协文史馆、政协书画院、政协书院和"数字政协"信息中心"一馆两院一中心"为主体的"和园"全面建成开放，这是宿迁市政协事业发展的又一新篇章。

　　"和园"建成开放以来，宿迁市政协认真贯彻落实党的二十大关于"全面发展协商民主"的部署要求，以"协商文化的展示窗口、联谊各界的交流平台、委员履职的服务枢纽、文化文史的研究高地和宿迁新晋网红打卡地"为目标定位，不断完善周边设施配套，进一步丰富馆藏和展陈方式，持续拓展"和园"综合体功能，新时代协商民主实践基地的风貌逐渐显现。截至目前，已举办各类活动 80 余场、接待参观考察近万人次。

务实笃行，积极推进文史馆建设

　　"和园"位于宿迁市中心城区古黄河水景公园北岸，距市党政办公大楼仅一河之隔，由三座共 5000 平方米的古典建筑群组成，其中政协文史

---

　　* 沈辉，宿迁市政协办公室副主任。

馆总面积约 1000 平方米，展陈部分共设光辉足迹、砥砺前行、凝心筑梦、守正创新、同舟共济、风华竞秀、党建领航、亲切关怀等八个展厅，全面介绍宿迁政协事业发展壮大的历史背景、生动实践和重要成果，充分体现各级政协组织在宿迁沧桑巨变中所发挥的特有作用和积极贡献，进一步宣示新时代宿迁政协人"不忘初心、牢记使命"的坚定信念。

"600 多幅图片、200 多份实物、1000 多分钟视频资料，全面展现了历届宿迁市政协在中共宿迁市委的正确领导下，全面履行政治协商、民主监督、参政议政三项职能，为推动宿迁高质量发展所做的工作。"市政协文史馆馆长解永生介绍道。

全面建设社会主义现代化国家的新征程，赋予政协文史工作新的时代特征。高水平推动市政协文史馆建设，是做好新时代政协文史工作的新思路新举措。

筹建伊始，市委、市政府给予高度重视，明确提出"选最好的位置、给最大的支持"。市政协成立建设领导小组，坚持政治性、文史性、开放性、艺术性、互动性"五性"定位，由政协主席任总策划、秘书长任总指挥，远赴北京、常州、杭州、上海、济宁等地学习考察。市政府 2 次专题会办，市政协主席会议 4 次讨论展陈方案，省政协领导多次现场指导，有力保障了场馆建设。

同心共奋进，砥砺铸辉煌。自 2022 年 10 月启动"一馆两院一中心"建设以来，"和园"在省政协和市委、市政府的关心重视下，在市各相关部门的大力支持和社会各界人士的热情参与下，按照"省内一流、国内领先"的定位，始终坚持高起点设计、高质量建设，广泛征集史料，精心设计布展，历经一年时间顺利竣工。

建设政协文史馆不仅能够更好发挥文史工作"存史、资政、团结、育人"的独特作用，而且文史资料作为城市的宝贵财富，对于传承历史文化、增强城市凝聚力、推动可持续发展具有不可替代的作用。文史馆的展陈功能，可以让更多的群众走近人民政协、认识协商民主。

编撰展陈大纲是文史馆建设工作的重点。为谋划展陈相关事宜，市政协邀请相关专家召开主席会议，明确展陈大纲主题、编写指导原则，抽调精干力量，成立展陈大纲文案撰写组，统筹修改、审议并通过展陈大纲及设计方案。为了集思广益，多次组织召开座谈会，广泛征集了包括市政协退休老领导、政协委员代表、县区政协在内的各界人士的宝贵意见。经过汇总整理，共有1000余条富有建设性的意见和建议。市政协高度重视这些意见，对展陈大纲进行了精心修改和完善，使其更加贴近宿迁的历史文化实际，更加凸显宿迁政协的独特风采，为后续的展陈工作奠定了坚实的基础。

召开理论研讨会、举办书画摄影作品展、举行"和园读书汇"活动……自建成以来，"和园"充分发挥了"协商文化的展示窗口、联谊各界的交流平台、委员履职的服务枢纽、文化文史的研究高地"的功能，通过开展丰富多样的学习交流活动，让越来越多的人走进"和园"，了解政协。截至目前，已举办各类活动80余场、接待参观考察近万人次，得到了社会各界高度赞扬。

承扬文脉，努力推出一批文史精品

漫步市政协文史馆，每走过一个展厅，都仿佛穿越了一段历史的隧道，带领人们穿越回那些重要的历史时刻，亲身体验和见证政协的发展历程。八个展厅展陈的实物、手稿、照片、书刊等史料，内容丰富详尽，生动记录着宿迁建市27年来市政协走过的光辉历程，见证着不同时期广大政协委员的为民情怀。

在丰富馆藏的过程中，文史资料的收集无疑占据着核心地位。然而，由于宿迁建市较晚且经济基础相对薄弱，建市初期的文史资料收藏并未得到足够的重视，尤其是一、二届政协履职的相关资料更是鲜有留存。面对这一困境，我们不得不依赖于一些老同志的回忆来填补这一空白。因此，文史资料的搜集工作在建设初期便显得尤为棘手和艰难。

自启动建设以来，市政协高度重视并持续加大文史资料收集工作力度。按照"亲历、亲见、亲闻"的原则，资料征集组通过查阅档案、电话联系、上门拜访等多种途径，从历届老领导、老委员中广泛征集实物资料和重大事件故事，先后与49位退休老同志沟通联系，完成22篇口述史采访录制。

为进一步充实文史馆馆藏内容，市政协积极拓宽征集渠道，持续面向全社会公开征集文史资料。通过在媒体发布文史资料征集公告，与各县区政协、市内主流媒体、新华书店、市图书馆建立紧密的联络机制，同时加大与全国政协、省政协以及兄弟市政协的文史资料图书交换力度，目前已收集到书籍约9.5万册，手稿实物260件，以及其他各类实物320份。

丰年修志，盛世著书。市政协以编撰《宿迁政协志》为契机，成立了文史专家咨询委员会，聘任了一批政协文史馆馆员，按照全面、准确、客观的要求对文史资料进行收集、整理、编撰，努力推出一批文史精品。组织文史专家深入走访史料见证人、记录人，多渠道探寻文史素材和线索，共整理读书目录120余条，完成手稿资料扫描560条，编印出版了《江苏文明之根——顺山集文化》《民营经济在宿迁》《古韵宿迁》等一批精品著作。

守正创新，不断丰富"和园"内涵

如何让"和园"走进群众、服务社会、扩大影响，一直是宿迁政协努力探索的方向。目前"和园"内还布设有政协书画院、政协书院、"数字政协"信息中心等。

宿迁政协书画院，内设有书画艺术展览厅、书画创作室、委员工作室等功能空间，主要配合承接省市重大活动、重要节庆及政协重要会议，通过举办书画艺术展、书画家专题讲座、专题培训等活动，以书画为媒，广交各界朋友，打造对外联谊新平台。同时，附设非遗展馆、非遗创作室，对宿迁非遗文化进行集中宣传展示，让社会各界了解宿迁优秀传统文化，传承家乡悠久而深厚的文脉。

宿迁政协书院，由市政协与市图书馆、新华书店合力打造，是集藏书、阅读、借阅、文创、听书等多功能为一体的"城市书房"，为政协委员、社会组织和广大市民提供阅读学习的场所、交流提高的平台。同时，布设诗词创作、文化沙龙等公共创意文化空间，为开展文化交流提供服务，营造书香满城的浓厚氛围。

宿迁"数字政协"信息中心，重点打造"1732＋N"宿迁"数字政协"工作体系，实现政协各项工作可视可查、一屏掌握、远程运作。紧扣全省"数字政协"建设工作要求，信息中心上联省政协"数字政协"系统，联通市级党政部门，以各级各类协商议事平台、委员工作室为节点，连接县区、乡镇和村居等政协工作平台，形成省、市、县、乡、村五级互联互通的工作网络。

此外，宿迁市政协充分发挥平台优势，依托"和园"综合体资源，正在筹备成立"守护青少年健康成长委员工作室联盟"，积极打造青少年心理健康宣传教育基地，汇聚各方力量守护青少年健康成长；筹建"新侨科技苑"，进一步加强与海外华人华侨、归侨侨眷的联系，不断提升新时代政协侨务工作水平；密切与市委党校、市各民主党派、宿迁学院、市老年大学等单位的沟通联系，共建"协商文化"教学基地、民主党派团结联谊交流基地、"黄河风光"创作基地等八大基地，携手服务各界群众，共同擦亮"新时代协商民主实践基地"品牌。

从征集布展历届政协主席标准照说开去

—— 浅谈筹建九江政协文史馆的点点滴滴

杨春 *

2021 年 6 月 30 日，这是一个值得纪念的日子，也是令我终生难忘的一天。经过一年多的筹建，在中国共产党成立百年华诞前夕，九江政协文史馆对全社会免费开放。这是九江市政协献给中国共产党百年华诞的一份厚礼，是学习宣传中共二十大精神、推进党史学习教育常态化、长效化的一个窗口，也是坚持以史为鉴、开创未来的一座丰碑。

开馆三年来，全市广大党员干部、基层群众、青少年学生、党外人士以及社会各界踊跃参观学习，特别是全国各地政协领导和同行参观后，由衷地发出感叹。

在这里，十大板块，陈列着 1600 多张图片档案资料、120 多件实物文献展品，全景式、多界面、史诗般展示了人民政协波澜壮阔的光辉历程。

在这里，浓墨重彩地宣传人民政协与共和国一起成长的伟大实践，在中共党史、新中国史、改革开放史、社会主义发展史、中华民族发展史上具有的里程碑意义。

＊ 杨春，九江市政协办公室副主任。

在这里，全方位、全过程生动而深刻地诠释了"人民政协是什么、人民政协干什么、人民政协怎么干"的履职风采。

截至 2024 年 5 月底，共接待团组 860 余个，接待社会公众 55 万人次，其中青少年学生 28 万人次，持续形成参观热潮，参观人数之多、评价之好，受到社会各界普遍赞誉。

一个文史馆，就是一所大学校。我有幸牵头负责组织协调筹建文史馆工作，每当想起这段筹建岁月，心中常常激起一股暖流，那一件件往事、一幕幕场景、一幅幅图片、一件件实物，至今历历在目，令人难忘。

布展的实践，使我深刻体会到，政协文史馆的主题展就是一部浓缩的人民政协发展史，时间长、跨度大、涉及范围广、涵盖内容多，资料完整性强，收集难度大。办好这个展览，重在收集资料。布展的资料包括文字、图片和视频三大块，其中，图片是重要的一块。在大量的图片资料中，历届政协主席、副主席和秘书长的标准照，更是布展的重头戏，缺一张都会留下遗憾。

为此，我们在一起商讨，决定从征集历届政协主席标准照入手。但说起来容易，做起来难。据《九江政协志》记载，1950 年 1 月 20 日，市第一届各界人民代表会议协商委员会成立，这是九江市政协的前身。1955 年 3 月 11 日，政协九江市委员会正式成立，九江成为全省第一个地方政协组织的诞生地。在第一至三届政协 18 名正副主席中，仅有一名健在，要收集到他们的标准照，谈何容易！为此，我们认真地进行了研究分析。首先，通过他们的子女来收集其父的标准照。其次，对唯一健在的老主席上门拜访收集。正如我们所预料的，无论通过子女或者上门收集，都取得了立竿见影的效果。比如，与第一届市政协主席王明轩在九江本地工作的二女儿取得联系后，由她找到在哈尔滨工作并负责保存其父资料的大姐，不仅收集到了其父的标准照，还提供了其父作为市委书记在市政协一届一次大会投票时的老照片，令我们激动不已。不少省、市政协领导和同行们看到这张已发黄的老照片，由衷地感叹说，这张 70 多年前的照片，极其珍贵。

又比如，第二届市政协副主席许杰夫，是我国著名民主人士许德珩的同宗子侄。解放前，曾担任民盟九江地下联络组组长。其长女不仅提供了其父标准照，还提供了他作为九江解放的亲历者、迎接解放大军进城的组织者，冒着生命危险，深入群众，协助渡江部队为解放九江做了大量工作的相关资料和图片。我们还收集到九江解放后，许副主席作为第一任副市长，协助党和政府完成了对资本主义工商业的社会主义改造、巩固新生的人民政权发挥不可替代作用的回忆文章和照片。他先后担任副市长十余载，长期分管城市建设，为九江城区改造、道路拓宽、框架拉开以及农村水利设施建设作出了突出贡献。在长虹大道建设过程中，为了抢时间、赶进度，实行分班作业，日夜不停施工。白天奋战在工地，夜晚也到现场督促检查。在他以身作则的影响下，工程得以顺利进行。如今，长虹大道成为贯穿全市东西向的一条主干道。离休后，他依然为民造福，虽年逾古稀，亲自坐镇指挥，先后两次协助政府举办九江大型"自贡灯展"，取得了圆满成功，受到广大市民的称赞。接着又披挂上阵，负责滨江路的拓宽改造，亲自上门，一家一户，做耐心细致的工作，数千家拆迁户自己找房子过渡，没有发生一起上访事件，一时成为拆迁的美谈，创造了城区和谐拆迁的典范。

他一生廉洁奉公、勤政为民，严于律己、宽以待人，工作上高要求，生活上低标准。出差乘火车只买硬座硬卧，乘轮船只买三等舱。平时坐的是一辆既无空调又无音响的旧汽车。市政府几次分新房，他都没要，长期住在居民区"筒子楼"。对亲属子女要求严格，他有一儿三女，儿子靠自己考上大学，毕业后分配外地工作，三个女儿在企业下岗后，从不给组织添麻烦。他逝世后，续弦老伴交给子女一个存折，只有余额 1 万多元。这就是他一生的积蓄，留给子女的却是无价之宝：一身正气，两袖清风！

逝世的噩耗传来，不少老同志心情无比悲恸，有的连夜书写挽联：一生淡泊好学成才，当代堪称真豪杰；两袖清风勤政敬业，市民同哀大丈夫。逝世多年后，有的还写回忆文章，追思与他相处共事的岁月。这正是：许老跨鹤太空游含笑九天瞰湖庐，亲手栽下梧桐树引来凤凰满江州。

同时，对唯一健在的曾担任第一届九江市政协副主席兼秘书长李文汉上门拜访，进行了抢救性资料收集。他是一位南下干部，当听到要筹建政协文史馆的消息后，激动不已。虽 92 岁高龄，但精神矍铄、思路清晰，他高兴地说："这是一件大事、喜事、盛事，是献给党的百年华诞的一份厚礼，也是以史为鉴、开创未来的一座丰碑。在解放初期，人民政协为发展生产、保障供给、稳定物价，推动对资本主义工商业改造，发挥了重要作用。"他作为市政协副主席、市委统战部部长、九江专署对资改造办公室主任，为落实党和政府"发展生产、繁荣经济、公私兼顾、劳资两利"的指导方针，带领机关干部深入基层企业，广泛宣传发动群众。全市抽调 2000 多名干部组成对资改造工作队和 5000 多人组成的宣传队，形成全市对资改造的强大声势。1955 年 10 月，全市私营企业参与户数达到 55.5%，产值占 50.8%，充分显示了人民政协统一战线组织的独特优势和作用。2022 年 10 月 13 日，李文汉安详地走完了 93 载不懈奋斗、无私奉献的一生。他的一位老部下含泪写了一篇感人肺腑的纪念文章《他从政协走来》，分别刊登在《人民政协报》春秋周刊、《江西政协报》映山红专栏。

然而，在征集主席标准照的道路上，并非一帆风顺，比如，收集市委书记兼第五届市政协主席梁继海的标准照。从九江市委组织部、市档案馆到江西省委组织部、省档案馆，别谈标准照，连本人的档案都找不到，真是让人不可思议。为此，我们与省委组织部档案室工作人员一边交谈一边分析，只有一种可能，已调出江西省。然而，是调外省还是进京？不得而知。大海茫茫，从何处下手呢？正当我们一筹莫展的时候，意外地从网上搜索到他女儿写的一篇回忆文章《追忆我的父亲梁继海》。从而获悉她的工作单位并取得联系后，得到了大力支持和协助，动员其兄弟搜集父亲的生平资料及照片，为文史馆提供了真实可靠翔实的资料。梁继海同志是一位经历过抗日战争、解放战争的功臣，也是一位为国家走出能源短缺时代作出巨大贡献的建设者。当电影《乔厂长上任》在全国热映的时候，他被工人们亲切地称为"山东兖州矿区的乔光朴"。

在征集主席照片的道路上，有坦途、有曲折，更有惊喜！第一至三届市政协有位副主席郑丹，是民主党派人士，也是我党的好参谋、好助手、好朋友，但他去世较早、子女又不在本地，无法联系。于是，在与档案馆林馆长的交谈中，从去世领导的"死亡档案"中，意外地找到这位副主席生前照片。终于，心中的一块石头落地了，这真是，踏破铁鞋无觅处，得来全不费功夫。

李群化连续担任第一至三届市政协副主席，是爱国民主人士，也是我党忠诚的好朋友。九江解放后，受中共九江市委的委派，担任九江兴中纱厂副厂长。在抗美援朝期间，他动员该厂资方董事长捐献了一架飞机。但是，就是这位有功之臣，在市委组织部门、市档案馆和民主党派都未收集到他的标准照，连他的子女甚至亲戚朋友等都找不到。于是，我们分析，从解放初期任副厂长，后任厂长时间较长，兴中纱厂又是当年全省最大的纺纱厂，历史悠久，应该有厂史，也会有记载。经派专人到该厂去调查，终于从厂史中找到他的标准照片，还找到当年政府给资方开具捐献飞机的收据凭证，以及时任江西省省长给该厂颁发的全省第一个完成对资改造的奖状，极大地丰富了政协文史馆的布展资料和实物。

收集解放初期政协主席、副主席的标准照，除了通过他们的子女、上门、网络、厂史之外，我们另辟蹊径，或通过查阅当年当地的报纸，或通过他们子女的同事，也收到了明显的成效。比如，第二届市政协副主席兼市工商联主委万兆彩，是一位无党派人士。按一般常规，从市工商联能够收集到他的标准照及相关资料，可是，由于当年市工商联大楼发生一场火灾，把所有的资料毁之殆尽。加上与他的后人又联系不上，让人心急如焚。这时，我们想到能否从当年的报纸了解相关资料呢？于是，派专人到市图书馆资料室调阅当年的报纸，没想到，图书馆收藏的《九江日报》一天不缺，资料齐全让我们欣喜若狂。由于解放初期报纸印刷的纸质较差，加上年代久远，遵照馆长的再三叮嘱，我们小心翼翼地翻阅。终于，查阅到了该报在头版刊发了当年召开全市工商界两万多人参加的盛大集会的消息。他作为市工商联主委代表全市工商业者向市长递交了全面纳入公私合营和合作化申请，当场，市长代表政府批准了他们的申请。

又比如，第八届市政协副主席兼市工商联主席邓安澜，也是一位民主党派人士。在征集他的标准照过程中，颇费了一番周折，最后还是通过其儿子的同事这条渠道，获得相关信息。邓安澜曾任九江炼油厂总工程师，是我国石化行业仪表设备自动化安装不可多得的人才。由于他本人退休早，又移居外地，与厂里联系不多。通过多方打听，得知他定居上海。茫茫大上海，从哪里才找得到呢？突然，脑子一闪念，想起曾经与他共过事的时任厂党委副书记的市政协委员，也随子女定居在沪。与他取得联系后，得知他俩虽居上海，但没有联系过。然而，这位副书记却提供了一条重要线索，告诉我们这位副主席的儿子与现任石化总厂车间主任从小在一起，玩得好，是发小。于是，通过这位车间主任了解到这位副主席居沪的住宅电话。此时，心中有说不出的兴奋和喜悦。他不仅提供了标准照，还为建好文史馆提供了极为丰富、十分难得的资料。比如，在改革开放初期，继承父辈遗志，创办民营九江轮船公司。他提出的"开发黄金水道、开通赣台货运直航"的建议，得到中央和省有关部门的重视和采纳。经中央和省市有关部门批准，开通九江与台湾江海货运直航，为开发长江黄金水道、繁荣地方经济发挥了重要作用。新华社及央视等各大媒体进行了专题报道。他提出的"发挥资源优势、拓展江西拆船业"的建议，得到省政府的采纳，填补了江西船舶产业的一项空白。当得知他 2023 年 2 月因病在沪不幸逝世后，市政协、市工商联分别给他的夫人亲属发了唁电，表达哀思，以示悼念。

至此，从第一届到十六届 126 名市政协主席、副主席、秘书长和各民主党派 39 名主委以及历届市工商联 10 名主席的个人标准照，无一缺失，全部上展，没有留下遗憾。

在这个基础上，通过官方网站、微信公众号等渠道，向各民主党派、工商联、无党派人士和全市各级政协组织、历届政协委员以及社会收藏协会发出文物征集启事，得到了积极回应，许多人捐出了自己的"传家宝"，极大地丰富了展馆展品资料。据统计，文史馆先后收到个人无偿捐赠图片文物史料 120 多件。面对一本本资料、一件件实物、一张张照片，让广大观众看到搜集资料背后的艰辛。

这些珍贵的照片、实物、档案、资料，每一件背后都有鲜活的情节、感人的故事，每一件都承载着人民政协在与时代同发展、与九江共奋进的道路上留下的不可磨灭的厚重历史。

75 年艰辛探索，75 年波澜壮阔。筹建政协文史馆，是一项传承历史、有益当代、惠及后世的宏伟工程，凝聚着历届政协组织和政协委员以及几代文史资料工作者的心血和汗水。他们的精神将激励后人为时代立传、为祖国立史、为人民立言，继续书写人民政协文史事业的新篇章。

我和我追逐的三个梦

高秀丽 *

我于 2021 年 4 月出任济宁市政协文史馆馆长，至今已经 3 年有余。细细回想这几年的经历，往日如一幅立体的山水画卷既遥远又清晰。我和同事们用不懈的努力和辛勤的汗水，不仅参与助推了文史馆的成长，更让我成就了自身价值，实现了人生梦想，并在追梦的路上越走越远。

第一个梦想：成为济宁市政协文史馆馆长

2021 年 4 月 2 日，对于我来说，这是一个终生难忘的日子。就在这天，我正式到济宁市政协文史馆报到上班了。

不瞒大家，成为济宁市政协文史馆馆长，当年曾是我最大的梦想。在这之前，我一直在济宁市博物馆担任文保中心主任。2018 年，建设政协文史馆的提议第一次被提上济宁市政协的议事日程时，就引起了我的极大关注。作为一名从业 20 多年的文博人，20 年的磨炼，20 年的沉淀，将自己打造成一个"文物通""济宁通""运河通"。通过查询资料得知，

---

* 高秀丽，济宁市政协常委、文化文史和学习委员会副主任，市政协文史馆馆长、研究馆员。

文史资料工作是人民政协工作的重要组成部分，对继承丰厚的历史文化遗产、弘扬社会主义核心价值观、充实人民群众的精神生活有着重要作用。政协文史馆不仅是政协文史工作的平台阵地，更是加强和改进新时代人民政协工作的新的平台阵地。我认为，济宁作为文化大市，政协文史馆工作必定大有可为、大有作为、大有所为！

自此，我开始有意识地关注、关心文史馆的建设情况，并结合自身的工作特点和优势，寻找与文史馆工作的最佳结合点、融合点。我认为，文物和文史的关系一脉相承，异曲同工。也许冥冥之中注定我和文史馆有缘，2020年初，济宁市政协文史馆面向社会遴选馆长，我得到了专家的肯定和鼓励，在众多的候选人中脱颖而出，成为济宁市政协文史馆馆长，也成为全省唯一拥有正高级职称的政协文史馆馆长，初步实现了我的第一个梦想。

当我第一次走进了位于太白湖新区省运会指挥中心、总建筑面积达3240平方米的济宁市政协文史馆。按照"政治高度、历史深度、政协特点、济宁特色"的建设标准，根据"人民政协存史研究、资政宣传阵地，爱国主义、革命传统、国情教育基地，人民政协对外交流、团结联谊高地"的职能定位，文史馆设有三个功能区，即："中国特色社会主义民主与人民政协展"永久性展陈区、文史资料和史料文物库房功能区以及文史研究和人民政协联谊功能区。三个功能区互为辅助，相得益彰。和普通场馆、基地不同，这里思路开阔、形式创新，以"人民政协展"单元为例，光影流动的LED屏，蜿蜒如奔流不息的运河，历次政协会议的影像在其间浮现。展厅转角镶嵌着如竹简般的字条，上面流动的文字就是历届济宁市政协委员们的重要提案、调研报告、建议案的题目，象征着委员们赤心似火，爱国爱党之情奔流不息；尾厅的巨幅国画《仁和盛世图》气势磅礴，由10位济宁市著名书画家历时8个月创作完成，画面融会了济宁几千年的自然人文遗迹和现代化建设成就，三孔、峄山、运河……既有群山巍峨、沃野千里，也不乏历史人文、美景新城，表达了济宁人民对祖国、对家乡的文化自信和深深祝福。

我知道，这里就是我未来长期工作的地方了。伫立在一幅幅照片、一件件实物前，我仿佛又走进了那些个峥嵘辉煌的岁月。我更知道，政协文史馆馆长不仅仅是一种职位和身份，更是一份使命和责任。

第二个梦想：让文史馆强起来、热起来、火起来

济宁市政协文史馆在省内地级市是第 4 家，属于起步比较早的。那么，如何发挥优势，尽快让文史馆强起来、热起来、火起来，则成了我这个专家馆长工作的重中之重。

都说新官上任三把火，立足文史资料"存史、资政、团结、育人"的独特作用，我的第一把"火"用在了丰富馆藏内容上。四年来，文史馆不断推动史料与资源有机整合，累计征集各类书画、书法、文史资料 1500 件（组）。持续加大对济宁近现代历史史料的发掘整理，先后开展了"华北农村建设协进会在济宁""济宁开埠""济宁中西中学校""著名漫画家马星驰作品及生平"等 4 个专题的史料发掘与整理，填补了济宁近现代历史研究的诸多空白。在此基础上，2022 年，又完成了对济宁籍漫画家马星驰作品（1907—1913 卷）的整理编撰工作；2023 年整理了 356 位济宁籍南下干部名录 1 册、申报市级重点课题 1 项，总结凝练出"忠诚于党、公而忘私，不怕牺牲、迎难而上，开拓进取、与时俱进，顾全大局、患难与共"的 32 字南下革命精神。特别是 2021 年 5 月 21 日，抗战时期冀鲁豫昆张支队支队长、原北京卫戍区司令员吴忠长子吴川专程来到济宁，向文史馆捐赠了吴忠关于昆张支队的谈话录音等史料，这些资料都极大丰富了馆藏资源和历史文化发展脉络，为后期研究编撰出版奠定了坚实基础。2024 年是中国大运河申遗成功十周年。作为大运河

沿线重要的节点城市，今年 2 月份起，文史馆成立了挖掘保护传承运河文化工作小组，开展了对台湾"中央研究院"近代史研究所馆藏的山东南运湖河疏浚事宜筹办处档案的整理校勘工作，计划 2025 年出版《山东南运湖河疏浚事宜筹办处档案集》。更值得一提的是，经过我们积极推介，文史馆的建成也引起了济宁知名老艺术家的关注。2021 年，著名书法家段玉鹏先生将本人精心创作的 108 幅书法作品捐赠入藏文史馆。在捐赠仪式上，段玉鹏深情地说："感谢济宁市政协文史馆为我们的艺术作品提供了一个合适的保存展示研究场所，这些作品寄托了我对书法艺术五十余年的深厚感情，也寄托了我对党和人民的感恩之心。希望这些作品能够承担起以文会友、以文明理、以文立德、以文促行的重要使命……"

立足于文史馆"打造具有人民政协特色的高水平学术研究高地"的目标定位，我的第二把"火"用在了学术研究上。四年来，我们进一步建立健全人才汇集机制，加大科研工作力度，提高学术研究水平。四年来，文史馆立足于专业，不断推动学术与研究同步开展，进一步深入推进儒家文化、运河文化、黄河文化、泗河文化、红色文化等特色文化的研究阐发，努力推出了一批有价值有分量的研究成果。2021 年以来，文史馆独立主持了省、市重点课题 5 项，其中 2022 年度山东省社科重点课题《生命共同体视域下山东推动黄河流域生态保护和高质量发展研究》完成基础性研究工作，取得阶段性研究成果 1 项，本月底已完成结题工作。《基于济宁文旅融合高质量发展旨归的黄河国家文化公园建设研究》和《济宁南下干部的历史功绩与现代精神价值研究》分别荣获 2022 年度和 2023 年度市级重点课题、优秀课题。

立足于打造"有为政协"、推动履职能力全面提升，我的第三把"火"则用在了创新发展上。近年来，我精心打造了"求是书院"特色党建工作品牌，自 2023 年 2 月份开始，"求是书院"认真开展了文史资料宣传普及进机关、企业、社区、农村、学校、家庭、公共场所等"七进"活动，先后推出了《风展红旗如画——从毛泽东诗词感悟共产党人的初心使命和革命情怀》《油画〈南昌起义〉背后的故事》《在红色文献中探寻信仰之光真理之源——〈共产党宣言〉译本溯源及主要内容》以及《铁军真是铁——新四军的前世今生》等为主题内容的党史专题讲座。一年来共举办讲座26场，受众超过8700人次，构建出"有思想、有温度、有色彩、有实效"的党建新格局，实现了党建工作和业务工作双融合、双促进。精心打造了"委员同行"公益志愿品牌，先后开展"爱心接力""重温经典""学术引领""学思践悟"等系列主题活动36次，激发了委员队伍的活力和热情，发挥了凝心聚力画好最大同心圆的作用。精心打造数字文史馆，建设完成文史馆网站、微信公众号、视频号等新媒体矩阵，让长年累月载于典籍、躺在库房的文史资料"活"了起来，让政协文史馆以一种全新的打开方式走进大家的心里。截至目前，文史馆已累计接待参观团体240多个，2.1万余人次。让我记忆犹深的是，济宁学院附属小学春山中队少先队员于恒毅在参观了文史馆后，抑制不住自己的兴奋，在文史馆留言簿上写下了这么一段话："来到文史馆，看到了、听到了、学到了很多课本上没有的东西，我为家乡波澜壮阔的历史感到骄傲和自豪。"

第三个梦想：建设全国一流的政协文史馆

是的，济宁市政协文史馆火了。

走，去文史馆"打卡"，成了济宁广大市民的一种时髦。紧接着，济宁市爱国主义教育基地、市直机关五星级党支部、三八红旗集体、党史教育基地和优秀传统文化"两创"示范基地、市级妇女党性教育基地、市政协戏曲艺术家摄影家联谊会研创基地、市拥军联盟成员单位，一名同志入选山东省第六批"齐鲁文化英才",一名同志荣获济宁市"三八红旗手"荣誉称号,一名同志在全市书画摄影作品展览活动中荣获书法组一等奖第一名……这几年,济宁市政协文史馆的各种荣誉纷沓而来,业已成为济宁市一张耀眼的文化新名片。

然而,我们却并没有满足于此。在我们心中,一直澎湃着一个最大的梦想:建设具有政协特点和孔孟之乡特色的全国一流政协文史馆。

那么,实现这个梦想的突破点和发力点又在哪里?

很快,我在习近平总书记发表的一系列重要论述及视察山东时的重要讲话精神中找到了答案。围绕传承和弘扬中华优秀传统文化,习近平总书记特别强调"要讲清楚每个国家和民族的历史传统、文化积淀、基本国情不同,其发展道路必然有着自己的特色;讲清楚中华文化积淀着中华民族最深沉的精神追求,是中华民族生生不息、发展壮大的丰厚滋养;讲清楚中华优秀传统文化是中华民族的突出优势,是我们最深厚的文化软实力;讲清楚中国特色社会主义植根于中华文化沃土、反映中国人民意愿、适应中国和时代发展进步要求,有着深厚历史渊源和广泛现实基础","推动中华优秀传统文化创造性转化、创新性发展,不断提高人民思想觉悟、道德水平、文明素养,不断铸就中华文化新辉煌"。遵循习近平总书记指示,四年来,我们坚定"人文沃土可以深度耕作"的信念,按照有政治高度、历史深度、政协特点、济宁特色的目标要求,立足济宁孔子故里及优秀历史文化资源禀赋优势,积极面向社会讲好中国故事、讲好济宁故事、讲好中国特色社会主义民主与人民政协故事,实现了传统文化"两创"在孔孟之乡高质量发展。仅以 2021 年为例,是年,济宁市政协依托文史馆先后成功举办庆祝中国共产党百年华诞经典戏曲演唱会、新时代戏曲人才培养汇报演出;成立了济宁市政协戏曲艺术家摄影家联谊会,赴金乡、梁山等县市区开展"戏曲进校园和艺术人才培养工作"调研活动等。2021 年 10 月 11 日,全国政协"新时代戏曲人才培养"调研组来济宁调研，在观看了戏曲节目表演后，对济宁市政协文史馆在增强文化自信、弘扬优秀传统文化、振兴戏曲艺术、培养戏曲人才等方面作出的努力给予了高度评价。

熟悉文史工作，热爱文史工作，又从事文史工作，人生也许没有比这更惬意的事情了。繁霜尽是心头血，洒向千峰秋叶丹。在下一步的工作中，我们将立足于"践学、专业、务实、创新、高效"，紧紧围绕"一年打基础，三年树品牌，五年成一流"的目标定位和"存史资政建言献策一流、高举旗帜团结育人一流、尚德联谊服务社会一流、学术立馆学风建设一流、科学管理高效规范一流"等五个"一流"的目标建设，在提高文史资料工作质量和打造文史精品工程上再用力，在改进文史工作与服务时代发展方式上再下功夫，为时代立鉴，为国家立史，为人民立言，用情用心用力把文史馆打造成在全省乃至全国政协系统具有一定影响力、全市文史馆藏和学术研究最具权威性、服务人民政协建言资政与凝聚共识"双向发力"的高端履职平台，为孔孟之乡、运河之都在全国文化文史领域取得更多话语权、美誉度。

这，就是我的第三个梦想，当然，也是我作为文史馆馆长最大的梦想了！

郑州政协文史馆建设纪实

常松木　　王皓嵩*

　　文化滋养心灵，历史启迪未来。走进郑州市政协大院，"郑州政协文史馆"几个古铜色的文字熠熠生辉。打开文史馆的大门，伟岸肃穆的群英雕像，历史与现实交织的郑州浮雕，定格于一瞬间的一张张照片，记录发展历程的一份份文献，无不生动展示着一代代郑州人接续奋斗的芳华岁月。

　　"在郑州政协文史馆建设时，我们挖掘的是文脉记忆，回忆的是成长历史，记录的是委员风采，梳理的是履职成果，传递的是为民情怀，鼓舞的是前进动力。"在郑州政协文史馆开馆 7 周年之际，我们通过众多文史馆建设亲历者和见证者的回忆，再现郑州政协文史馆建设背后难忘的故事，保留下来那特殊而珍贵的成长记忆。

一　缘起与构想——建设郑州政协文史馆决策始末

　　郑州，位于中原腹地，文化底蕴深厚，协商文化源远流长。在郑州这座城市的建设和发展历程中，政协组织发挥了重要的作用，作出了卓

---

　　* 常松木，郑州黄帝文化研究中心副主任；王皓嵩，郑州政协文史馆编辑部副主任。

越贡献。为了更好地保存和展示郑州发展变迁和人民政协履职的历史资料，2014 年建设郑州政协文史馆的构想应运而生。

当时，中国政协文史馆已经建成开馆，新疆、河北、天津、广西、哈尔滨等地的政协文史馆也在抓紧筹建或已建成开馆，郑州政协文史资料委员会的同志建设郑州政协文史馆的建议，得到了市政协党组和领导班子的高度重视和大力支持。由于当时在全国范围来说，政协文史馆还都是一件新鲜事物，是一项创新工作，在设计思路、展馆布局、设计方案、元素搭配、资金筹集、日常管理等方面，并没有太多可供学习参考的经验。我们一边前往已建成的中国政协文史馆、河北省政协文史馆考察调研，并以通信方式调研新疆、天津、广西等地的政协文史馆，一边以"摸着石头过河"的精神，不断探索充实政协文史馆建设的政策依据、运行方式、管理模式等，形成了《郑州政协文史馆项目前期调研报告》，得到了市政协领导的高度重视。之后，市政协领导分别多次前往各地政协文史馆参观考察，充分完善了文史馆建设的可行性论证和理论研究。2016 年 6 月，在市委主要领导的关心支持下，政协文史馆项目正式启动。

二　规划与设计——高瞻远瞩打造城市名片

建设政协文史馆，不仅与中共郑州市委传承历史文脉、彰显城市文化特色的部署高度吻合，更是打造一座城市的"活化石"，唤醒市民群众对城市的历史记忆和文化回忆。如何充分发挥出文史资料"存史、资政、团结、育人"的作用，真正把文史馆建设成为弘扬中国传统文化、红色革命文化及现代建设文化的教育基地，重中之重就是确定布展大纲的设计思路。市政协领导班子在借鉴中国政协文史馆和各地政协文史馆设计思路的基础上，多方拜访文化大家、各方学者征求意见，反复开会研讨后，确定文史馆要以习近平总书记"人民政协植根于中国历史文化，产生于近代以后中国人民革命的伟大斗争，发展于中国特色社会主义光辉实践"的重要论述为主线陈展布局，展陈要突显政治高度、历史深度、政协特色、郑州特点。展陈设计的主线思路确定后，撰写展陈大纲就有了方向，展厅划分也逐渐成形。整个展览按照四大展区"协商文化 源远流长——人民政协的历史发展""协商民主 凝聚力量——郑州市政协光辉历程""风雨同舟 和衷共济——郑州市各民主党派、无党派人士、工商联""凝心聚力 共谋发展——郑州市各县市区政协"进行设计，四大展厅由远及近，犹如四卷史书，徐徐展开，将郑州的历史与政协的故事娓娓道来。

三 征集与布展——精益求精展现政协精神

为了丰富展陈内容，文史馆项目立项伊始，我们就着手开展史料征集工作。领导要求要以寻宝的精神，以大海捞针的毅力，从"查、搜、访、借、悟"五个字入手，搞好文史资料征集工作。

在深入发掘历史资料的过程中，我们一方面通过电视、报刊、网络发布征集启事，广泛地向全市人民征集相关文献资料、珍贵图片、音视频、实物等；一方面积极向市委党史办、市委老干部局、市史志办、市档案馆、市文联、市文物局等单位征集相关史料实物。全市政协系统也充分动员起来，积极利用各种渠道进行文史资料征集工作。郑州政协文史馆内解放前的郑州老报纸，抗战时期对花园口事件报道的老报纸，抗战时的宣传品"中国人不打中国人"等重要文物都是市政协领导带队征集的。市政协领导还带队去拜访郑州市原市长、百岁老人王均智，90多岁的市政协原副主席朱翔武等，听取他们讲述郑州历史、政协历史上的大事，并由电视台录制了他们讲述的视频。很多政协委员、工作人员通过各种渠道甚至私人关系联系博物馆、收藏家征集收藏品，更有一些委员、工作人员把自己收集的珍贵藏品捐赠了出来。

展馆内的一张张照片、一串串数据、一段段文字、一件件文物，都饱含着同志们的心血和汗水，体现着同志们对理想信念的坚守、坚韧不拔的态度、踏雪寻梅的情怀、大海捞针的决心。它们来自全国、全省多个档案馆及展馆的查寻收集，来自社会、民间及家庭方方面面尘封已久的留存，来自收藏家们的无私奉献，不少都是抢救性的收集整理。难以忘记，工作人员冒着酷暑，到省政府文史研究馆、政协委员程青梅所在的博雅文化集团公司以及民间收藏家冯路的家中征集，得到郑州解放后的第一份报纸等珍贵史料和实物展品时如获至宝的惊喜；难以忘记，在被我们真诚的态度、艰苦的寻觅打动后，著名摄影家魏德忠给我们提供了毛泽东同志视察河南的历史老照片，红色收藏家、省委原副秘书长白建国向我们捐赠了 22 件珍贵史料，让我们敬佩有加、心存感激；难以忘记，郑州铁路局老局长徐宜发北上鹤壁，南下武汉，征集到不少有关郑州铁路的珍贵实物，省政协文史委提供了《百年记忆》等史料，为我们拓展了思路，增添了动力。有人问为什么要这么迫切地收集这些资料，筹备组的同志们说："随着时间的推移，对历史知情的相关人物将越来越少，相关史料的收集也将越来越困难，我们现在多花点功夫收集得越详细，也是为了让后人回顾和书写人民政协的历史尽可能不留下遗憾。"

在一年多的史料征集期内，我们搜集到 4000 余件文物、史料和各种档案。有了这些史料后，我们本着对历史负责的态度，多次召开研讨会，邀请国内顶尖专家进行解读，对展览大纲中的文物史料反复考证，务求彻底搞清楚、弄准确。经过筛选，近 2000 件文物、照片、资料在展厅与观众见面，力求采用最简洁的文字和最具代表性的照片、实物，真实展现郑州历史文脉和城市文化特色。

文史馆建设从选址立项、撰写展陈大纲到资料收集、工程建设、设计布展等工作都面临时间紧、任务重、标准高、要求严等诸多挑战，筹备组常常加班到深夜，第二天还继续早起工作。一些同志克服家庭诸多困难，坚守工作岗位，更有个别同志克服病痛，坚持不懈完成工作任务。大家坚持倒排工期、全力以赴，苦干实干、拼搏奉献，克服了各种困难，排除了各种阻力，化解了各种矛盾，实现了中国人民政治协商会议成立68 周年之际如期开馆的目标。

四 开馆与运营——穿越时空感受历史厚重

2017 年 9 月 21 日上午，郑州市政协隆重举行郑州政协文史馆建成开馆仪式。展馆展陈面积近 2000 平方米，展线长 580 米，展出图片 1450多张、实物 400 多件，制作场景 8 处，视频总时长 100 小时。整个展览借助现代化的陈展语言、陈展手段，深度挖掘了中原大地博大精深的优秀传统文化，热情讴歌了新中国成立后郑州发展建设取得的伟大成就，全面回顾了郑州市政协走过的光辉历程，真实反映了协商民主建设的重要成果，充分展现了各界人士为全市改革发展献计出力的精神风貌。许多业内人士认为，无论是展览面积、实物数量、建设速度，还是设计水平、展陈效果，郑州政协文史馆都已进入政协文史馆行列的"第一方阵"。

开馆至今，郑州政协文史馆先后被中共郑州市委组织部、郑州大学等单位授予"郑州人才爱国奋斗教育基地""郑州大学本科生实习基地""郑州市红色教育基地"等称号。截至目前，已累计接待全国各地参观者1410 余批，47200 余人次。外地的客人从中感受到底蕴深厚的中原文化，本地的市民朋友增加了对郑州新的认识；老领导、老同志从展览中看到了自己当年投身革命和建设的身影，青年朋友从中感受到城市的发展变迁和建设更加美好生活的使命担当，少年儿童则从中获得许多比书本上更丰富、更生动、更珍贵的知识。在这里不仅能了解政协那些事儿，更能了解郑州、河南乃至全国的大事；不仅能感受郑州灿烂的昨天，更能看到辉煌的今天、憧憬美好的明天。郑州政协文史馆作为郑州的一张文化新名片，正在成为展示郑州靓丽风采的闪亮窗口，成为宣传弘扬"中华优秀传统文化、革命文化、社会主义先进文化"的重要课堂。用观众的话说，这样"上连天线、下接地气"的展览让人百看不厌。文史馆所体现的"政治高度、历史深度、政协特色、郑州特点"是郑州市政协及全市思想政治教育和宣传、统战、文化、教育部门创新工作的有益探索。

郑州政协文史馆建成开馆不是文史馆建设的终点，而是新的起点。目前，文史馆除了承担郑州政协历史的宣传教育工作外，还在不断进行文史资料的征集、整理和研究工作，确保实现展览的常展常新。相信随着新时代人民政协事业的不断发展，政协文史馆也将在加强思想政治引领、广泛凝聚共识上发挥更加重要的作用。

记录光辉历程　助力创新履职

——滨州市政协文史馆建设提升历程回忆

刘磊[*]

　　滨州市政协文史馆自 2017 年 2 月正式开馆以来，走过了一段不平凡的发展历程。7 年来，我们文史馆人亲历了项目立项、调研考察、精心选址、征集展品、认真布展、提升改造、服务公众的全过程，亲眼见证了滨州政协文史馆从无到有、从有到优的发展历程。

一

　　时间回到 2016 年 9 月，为了庆祝滨州市政协组织成立 30 周年，政协十届滨州市委员会决定做两件大事：第一件大事是编写《滨州市政协志（1986—2016）》，为后来人留下可靠的史志资料；第二件大事便是建设政协文史馆，直观展现滨州政协组织与委员的履职成果。

　　2016 年 10 月中旬，中共滨州市委正式批复同意建设政协文史馆。为了建设好文史馆，滨州市政协专门成立了筹建工作领导小组，由时任市政协党组书记、主席姜银浩同志任组长，市政协办公室、文史委等部

---

　　* 刘磊，滨州市孙子文化研究中心主任。

门的负责同志为组员。领导小组对文史馆的建设、选址、装修、布展、对外开放等工作进行了详细部署，各项工作马上紧锣密鼓地展开了。

消息传来，市政协机关全体干部职工精神振奋，纷纷表示大力支持文史馆建设，并通过各种形式献计出力。

二

滨州市政协文史馆筹备时，山东省地级市政协建设文史馆还是一片空白。为了将省内第一家市级文史馆建设好，筹建工作小组开始了紧张的调研考察行程。

学习的第一站便是中国政协文史馆。考察组认真学习了"人民政协光辉历程展""存史　资政　团结　育人——人民政协文史资料展"等基本陈列，仔细考察了中国政协文史馆的设计、建设、布展等情况。筹备组全体同志决心以中国政协文史馆为标杆，一定要将山东第一家市级政协文史馆建设成无愧于历史的精品展馆。

之后，考察组又北上天津、哈尔滨、北京大兴区，南下湖南株洲市、江西上饶市，虚心学习当地政协文史馆建设的好经验、好做法。考察下来，每个筹备组人员都记满了多个笔记本，整理了十余份经验材料，拷贝了数十 T 的电子资料。这些都为后来的市政协文史馆建设工作打下了良好基础。

三

考察结束之后，文史馆的选址和建设事宜被提上了日程。为此，市政协的领导们多方考察，仔细比较各方案的优劣，最终决定与滨州职业学院合作共同建设文史馆。

　　经过多次细致协商，滨州职业学院同意将该校培训中心东附楼的五层部分房间，约580平方米的面积，用于文史馆建设。待文史馆建成后，将与该校附楼内的黄三角文化馆、海瓷艺术馆、学院校史展馆、3D影院等相呼应，实现"多位一体"、资源共享。

　　文史馆项目开工前，筹备领导小组专门召集会议，强调设计要规范、施工要精心，要在"严"和"细"上用气力、下功夫。施工要规范、精细，布展要讲究、大气。在设计上要体现现代化、智能化、信息化，实现声、光、电、影、物等多元素互动，让参观者在文史馆受到熏陶、丰富知识、有所感悟。同时市政协领导还专门强调文史馆建设不能影响职业学院的正常办公与教学，尽量放在周末、晚上等时段运输物料。

　　为了建设好文史馆，领导小组狠抓组织协调和检查督导，认真抓好施工督导和监理，凡是施工单位，谁招标谁施工，不允许接标者再转手，有力地保障了施工进度与质量。

　　在文史馆建设的同时，文物征集和布展工作也在紧锣密鼓地展开着。当时全市政协系统都被发动起来，大家积极"走家入橱"，寻找与政协相关的老物件，机关年轻同志还主动帮助老领导、老同志找资料，一份份尘封多年的档案资料也被重新开启、复印，迎来面向公众展示的机会。

　　当时文史馆筹备组主动向市政协党组保证，切实做到"三不"：内容不失真，展出内容经得起历史的检验，似是而非的东西不能上，尊重历史事实；程序不缺项，后期各个环节、各项工作经得住各项审计和检查；不留后遗症，不给下届留下任何尾巴，一鼓作气，一气呵成。其中第一个"不"工程量最大，对工作严谨性要求也最高。

　　为了做好布展工作，筹备组写下了翔实细致的布展脚本。之后以脚本初稿为基础，对框架内容包括文字表述、影视资料、实物展品等进一步审核并广泛征求意见。在文字表述方面，努力做到各个大标题、中标题、小标题层次感强，简明妥帖、各表不重；序言、尾声部分和各章节简介严谨、概括、明确，措辞讲究、专业；解说词既简明扼要又丰富多彩。这里面凝结了当时政协老中青三代"笔杆子"的辛勤汗水。

在内容设计上，总体规划分为三部分：第一部分为"新政协筹备与协商建国"，这部分从中共 1948 年发布"五一口号"开始，到 1954 年第一次全国人民代表大会制定《宪法》和全国政协二届一次会议通过《中国人民政治协商会议章程》为止；第二部分为"滨州政协发展历程与成就"，从 1986 年开始到 2016 年为止，含政协联络组、政协工委和政协委员会，同时为后来各届政协展示成果留出空间；第三部分为"文史集库与研究"，主要用作文史资料征集、整理、存储、研究和利用，以及对政协文化的研究和交流。

四

滨州市政协文史馆在 2017 年开馆后，赢得了社会的好评，但滨州政协人并不满足于此，而是在此基础上继续努力，不断提升。

2021 年，滨州市政协乘机构改革的东风，成立了正县级事业单位——滨州市孙子文化研究中心，并在中心内设立了文史馆与事务部，成为政协文史馆运营维护的专责部门。

2022 年，政协文史馆提升改造专班成立，由市政协一位副主席任组长，市孙子文化研究中心县级领导全程跟靠盯上，文史馆的数字化水平得到大幅度提升。2022 年 7 月，滨州政协网上文史馆上线启动仪式在文史馆隆重举行，滨州市政协文史馆正式成为全省第一家市级网上文史馆，山东省政协办公厅领导专程来到现场表示祝贺。2023 年，中国国史学会将"全国国史教育基地"的牌匾正式授予滨州市政协文史馆，这标志着文史馆的作用和价值进一步得到了提升。

五

一张张照片诉说往事，一件件展品铭刻历史。如何让文史资料走出"深闺"、走进群众、服务社会，一直是滨州市政协文史馆建设中努力探索的方向。

文史馆创新开展"政协开放日"活动，向社会各界广泛宣传人民政协制度，展示滨州市政协的建设和履职情况。活动开展以来，邀请接待政协委员、机关干部职工、基层政协工作者、城乡群众、企业员工、学校师生、驻军官兵等参观滨州政协文史馆，为公众讲解中国共产党历史、统一战线史、人民政协史，加深社会各界对中国共产党领导的多党合作和政治协商制度的认知，了解滨州的发展变化和市政协的光辉历程。

一位外省的政协领导曾经用"三个没想到"表达自己参观后的感受："没想到滨州市政协这么重视最基层，经常邀请基层政协工作者参加政协开放日；没想到滨州市政协的履职成果如此厚重；没想到滨州市政协党史学习教育如此丰富、扎实。"

为做好文史工作，滨州政协文史馆组织人员多次对市政协现存文史资料进行清点和整理，深入基层走访史料见证人、记录人，多渠道探寻文史素材和线索，聚焦庆祝改革开放40周年、新中国成立70周年、滨州撤地设市20周年、中国共产党成立100周年等，深入开展内容形式多样、影响广泛的文史挖掘研究、精品创作工作，编写出版《滨州故事》《滨州援建援助纪实》《记忆滨州》《见证滨州》《足迹》等文史资料书籍，计332万字、1310幅图片。

市政协文史馆还成功举办庆祝新中国和人民政协成立70周年文史资料成果展，展出近1000部、1.5亿字的文史资料选辑和专题史料图书，集中展示20世纪80年代以来全市政协文史资料优秀成果，展现了全市政协系统和各族各界人士在中共滨州市委的领导下，助力推进全市经济社会各项事业高质量发展的奋斗历程。

随着人民政协事业不断开拓前进和政协文史工作的不断深化发展，滨州市政协文史馆将在提高文史资料质量和打造文史精品上再用力，在改进文史工作与服务时代发展方式上下功夫，为时代立鉴，为国家立史，为人民立言，为资改立功，不断推进政协文史工作取得新的优异成绩。

小小文史馆　大大同心圆

李银峰 *

　　临沧，位于祖国西南边陲，或许对于许多人来说，它仍是一片未知的土地。然而，临沧的滇红茶，早已享誉世界；冰岛茶，亦名扬四海；昔归茶，更是名满天下。相较之下，临沧的知名度或许略显低调。2018年我被组织从中共临沧市委常委、市委秘书长的岗位上调整到市政协担任党组书记，并当选为主席。我带领大家以党建开篇破局，以党建一条线编织起履职一张网，引领履职工作创新。同年 6 月 22 日，我在全国政协系统党的建设工作座谈会上交流了党建工作经验。2020 年 8 月 24 日，我在全国地方政协工作经验交流会上交流了"边寨协商"经验，之后又两次在全国政协干部培训班上交流了"边寨协商"工作经验。临沧市政协的工作每年上一个台阶，接续打造了政协党建、"边寨协商"、专委会改革、"书香政协"、建言资政等履职品牌，其中有很多故事，临沧政协文史馆就是其中一个。

　　第二次到全国政协交流经验后，时任云南省政协主席李江热情地向我表示祝贺，并希望临沧市政协进一步总结经验、勇于创新、再创佳绩，省政协将全力给予帮助和支持。这份温和坚定的激励，让我深刻领悟了

---

　　* 李银峰，临沧市政协党组书记、主席。

拿破仑的名言:"只要勋章足够,世界可征服。"省政协从办公经费中挤出资金,对临沧市政协和有关县区政协先后给予支持,这不仅是物质援助,更是精神鼓舞。为了回馈这份关怀,我们必须在政协党建和"边寨协商"取得成效的基础上有新的突破。我与班子成员深入讨论,大家对上级和各地对临沧的认可感到兴奋,但也清楚我们的工作还有诸多不足需要改进,提出的建议和意见都非常务实。综合大家的意见一分析,政协是凝聚各界共识的重要平台,"存史、资政、团结、育人"是政协文史工作的重要职责,人民政协的辉煌历程本身就是生动的爱国主义教材,加上临沧市老一辈政协委员胡忠华、罕富有、高耀星等在维护国家主权和领土完整上作出的突出贡献,在建立新中国、建设新中国、探索改革路进程中的委员故事感人至深、脍炙人口。把这些精神富矿挖掘好、利用好、展示好,完全有可能建成一个开展爱国主义教育和广泛凝聚共识的新平台。我们是否应该在这方面先人一步呢?

2020 年 8 月 17 日上午,我找到时任市政协副主席张龙明。作为班子里的老大哥,他稳重且真诚,是临沧文化领域的领军人物。我开门见山地问他:"龙明,我们能否用一年的时间,在全省范围内率先建立一流的州市级政协文史馆?"他沉思片刻后,对我说:"主席,这个文史馆项目并非易事。首先,我们缺钱,花小钱,又要办大事,这本身就很矛盾;其次,如果策划设计不慎,可能会成为笑柄。"

我完全理解他的担忧,于是回应:"我们前两次在全国政协的交流,上级给予了高度认可,并承诺全力支持临沧政协的工作创新。资金是一个制约因素,关键在于我们是否有能力和决心。我相信,凭借你的文化功底和政协作风,只要努力,是一定能够成功的。"

他听后,眼神坚定地说:"既然如此,主席,请放心。我即将退休,这个项目我会全力以赴,作为我的封笔之作。"说完,他立即打电话将市政协文化文史和学习委主任张大远叫来,向他透露了筹建文史馆的设想。

张大远一听，激动地说："主席，近年来我们政协出版的文史资料已超过往届总和，数量上了一个大台阶，大家能力也提高了很多。建文史馆对搞文史的人确实是件大事，也是一件难事，但更是一件幸事。当然，一年内建成文史馆，面临的挑战不小，除了资金和策划设计，场地也是一大难题。但我相信，只要我们尽力，一定能够克服这些困难。"

经过深入交流和探讨，大家形成了共同的认识，坚定了决心，都愿意为之付出最大的努力。于是，我对张龙明和张大远提出，希望他们组建一个专业的考察团，外出取经，以一流政协文史馆为标杆，制订出一个切实可行的建设方案。

很快，张龙明、时任办公室主任字德用和张大远带领的考察团赴云南省政协、广西壮族自治区政协以及中国政协文史馆进行了全面系统的考察学习。他们归来后，迅速提交了一份详尽的方案。经过班子成员的深入研讨，一致认为这个方案行得通，于是决定按照此方案全力以赴地推进实施。

在方案的落实过程中，我明确要求其他班子成员，要确保专业的事情由专业的人员来负责。我深知张龙明带领的团队对此次任务投入了大量心血，因此强调大家要全力配合，避免给他们的工作带来不必要的干扰，同时要把保障和服务工作做到位。

其中，经费和展馆的选址成为两大难题。为了解决经费问题，班子成员们纷纷表示，把自己的专项工作经费全部投入到文史馆建设。然而，选址的落实仍然面临挑战，一时难以找到理想的场所。几经论证，我们将市政协一楼办公室的同志优化整合调整至三楼办公，终于拼凑出了300平方米的展馆面积。

当时最紧迫的任务是制订展览大纲、施工和展陈方案。工作专班在短短的三个多月内，便拿出了让大家基本满意的方案，经过反复讨论，几易其稿，最终，项目得以顺利进行招投标和施工。张龙明、张大远和施工单位共同立下了军令状，承诺在 2021 年国庆节前正式开馆。

时间到了 9 月 15 日，我踏入了正在紧张布展的文史馆。虽然馆内灯光尚未亮起，照片尚未全部挂墙，实物陈列也尚未完成，但我已被深沉的政协文化和临沧的丰富历史深深吸引。委员们浓厚的家国情怀感染了我，特别是胡忠华、高耀星、保洪忠、罕富有等老一辈临沧政协委员，他们书写的感人故事——"英国侵略者来了我们打，日本侵略者来了我们打，国民党窜匪来了我们打，共产党来了我们欢迎、我们拥护"，生动展现了"党的光辉照耀边疆，政协委员心向党"的坚定信念，成为文史馆的点睛之笔。

面对即将诞生的文史馆，如何建好、管好、用好成了一个重要的议题，讲解员是其中的关键因素。增加一个机构、一个编制是不可能的事，聘请也不是长久之计。与张龙明、张大远商讨后，我们决定继续发挥机关"大练兵"的机制优势，动员所有科级干部人人学、人人练、人人讲。在日常工作中，他们是专委会的人，当有对口联系的部门或界别群众来访时，他们就化身为讲解员。那段时间，这些年轻人充满热情，对照着每一个立面、每一张照片，逐字逐句练习讲解。通过认认真真、反反复复的努力，我们培养了自己的讲解员队伍。

9 月 25 日，文史馆即将开馆。我观察他们的讲解，发现讲解员一边讲解一边操作触控大屏播放多媒体素材时显得手忙脚乱。经过仔细分析，原来缺少了一套多媒体点播系统。我与建设布展团队研究后，当即决定在原有基础上为文史馆增加一套多媒体点播系统。为了配合讲解员的工作，还特意安排办公室行政科的马秀美同志负责多媒体播放和设备维护、环境卫生和联系服务工作。这样下来，讲解就顺畅了许多。

日历一张一张撕去，2021 年 9 月 30 日来临，临沧政协文史馆如期开馆，市委、市政府有关领导，市政协参加单位和有关部门负责同志等都参加了开馆仪式，并对文史馆给予了高度评价。这个占地 300 平方米的文史馆成为云南省第一个州市级政协文史馆，无论是内容的质量还是展示的效果都超过了预期，得到了大家的一致认可和好评。

从文史馆策划建设到日常展览的过程中也经历了几件大事。

正值 2021 年中国共产党百年华诞之际，文史馆的盛大开馆立刻受到了各界人士的热烈欢迎。10 月 30 日，中共云南省委党史学习教育第十六巡回指导组组长崔明率领一行人莅临临沧，深入参观了临沧政协文史馆。他们细致参观了从"海纳百川大道行"到"协商民主在边疆"、从"同心同德跟党走"到"肝胆相照绘宏图"、从"尽职履责襄盛举"到"翰墨溢香映丹心"等各个专题，驻足于珍贵的文物实物前，定睛在生动的图片影像上，不时询问着那些隐藏在历史深处的感人故事。参观结束后，崔明同志对我说："临沧政协文史馆很有说服力和影响力，要把它用好用活，使之成为临沧党史学习教育的重要阵地，要用好政协故事讲好中共党史。"

随后，在 11 月 4 日，中共临沧市委党史学习教育领导小组办公室下发了《关于组织参观临沧政协文史馆的通知》，要求各级各部门组织党员干部前往参观学习。面对即将到来的大规模观展人群，文史馆无机构、无编制，该如何应对呢？我迅速召集了班子成员和各专委会负责人进行部署，对大家说："党史学习教育是大事，接待好观展是家事。在党史学习教育期间，只要预约参观的，都要按照对口原则安排班子成员和专委会主任陪同参观，并根据需要提供会议室等研讨交流服务。"一时间，政协大院人流如织，文史馆内人头攒动，繁忙而有序。到党史学习教育结束，这个 300 平方米的袖珍文史馆已经接待了 107 批、4577 人次。

临沧政协文史馆最珍贵的馆藏是习近平总书记的一封回信和临沧近代史上佤伍十七王告祖国同胞书、班老四位头人给毛主席的信。2021 年 8 月 19 日，习近平总书记给沧源县边境村老支书们回信，勉励临沧各族人民"建设好美丽家园，维护好民族团结，守护好神圣国土"。这无疑给我们的策展增添了新的思想源泉。策展团队认真领会了习近平总书记的重要回信精神，便在展览中做了重点展示。一次我们接待平村村党总支书记李萍和党员们观展，她看完整个展览，又返回到这个专题，拍照留存并认真学习领会。她说："习近平总书记的回信精神我学了好几次，但感到领悟得不够深刻到位，看了这个专题，终于明白了习近平总书记回信的历史渊源、现实意义和实践要求。"和李萍一样，许多观众都是通过这些档案和实物，穿透历史的时空，更加深刻地理解了中国共产党为什么能、马克思主义为什么行、中国特色社会主义为什么好。

2022年2月，时任中共临沧市委书记张之政参观文史馆。他边听边看，边与我们沟通互动，高度认可文史馆在设计和布展方面的成效，以及其在发挥教育功能方面的积极作用。参观结束后，他对我说："文史馆通过'党的光辉照边疆，政协委员心向党'的主题，生动展示了'党的光辉照边疆，边疆人民心向党'的深刻内涵，如同一幅'北京佤山紧相连，领袖人民心连心'的鲜活画卷。我们应依托临沧政协文史馆等红色展览馆，积极开展'学回信、强党建、看发展'主题实践活动，激发'我们都是收信人'的强烈使命感。"随后，文史馆及其他10个市内红色展馆被正式命名为主题实践活动教育基地。市直机关各个党支部共计82批次、2321人次到文史馆参加了主题实践活动。

2021年11月，时任临沧市副市长赵贵祥专门找到我，说："银峰主席，现在全市上下正在创建全国民族团结进步示范市，国家和省级将很快实地验收，现在临沧的困难和问题还很多，文史馆展陈内容生动展示了临沧各民族爱党、爱国、爱家乡，共同繁荣进步的光荣历史，能不能在验收时作为关键的环节，向验收组展示和汇报？"

党委政府的工作推进到哪里，政协履职就跟进到哪里。他走后，我马上找了张龙明、张大远等同志作了安排，要他们按照市里的总体安排部署，全力配合好创建工作。他们很敏锐地把握了策展目标和重点的转变，很快对实物、图版进行调整，并以《中国人民政治协商会议共同纲领》及其第六章"民族政策"为切入点组织展览，并形成了《临沧政协文史馆讲解词（民族团结进步版）》。

2022 年 7 月 25 日，国家民委科技司二级巡视员王宏晓任组长、中央统战部二局副局长陇兴任副组长的调研检查组一行 6 人，深入市政协机关调研检查创建全国民族团结进步示范区示范单位进机关工作，其间参观临沧政协文史馆。当听到张大远讲解"《共同纲领》第六章就是民族政策，从第五十条到第五十三条，确立了民族平等、民族团结、民族区域自治、各民族共同繁荣进步的基本原则和基本政策等，由此开创了中国特色解决民族问题的正确道路"，一路看完老一辈临沧政协委员为维护国家主权和领土完整作出的历史功绩，新时代临沧政协委员为落实习近平总书记"建设好美丽家园，维护好民族团结，守护好神圣国土"重要指示的担当作为，调研检查组充分肯定了临沧政协文史馆在铸牢中华民族共同体意识中发挥的作用，并专门收集了文史馆简介和民族团结进步版的讲解词。与他们告别后不长时间，2023 年 1 月，临沧市被光荣地命名为第十批全国民族团结进步示范区示范单位，其中，临沧政协文史馆发挥了独特而重要的作用。

这以后，策展团队根据受众情况，因人施教，精心组织了幼儿版、青少版、成人版等版本的讲解词，并根据讲解员的特长优势分工讲解。黄晓梅用温暖的笑容和亲切的语言，征服了幼儿园小朋友的心，成为他们眼中最闪亮的"小黄老师"。陈彬则成为广大中小学生的知心朋友，有一次，她女儿和同学进馆参观，看着妈妈认真地讲解，孩子们专心地聆听，那一刻仿佛时间静止，定格在了"听妈妈讲过去的事情"的温馨画面。李红梅的转变更是让人意外，她从一个羞涩内向、声音微弱的女生，转变为一个充满自信、言辞犀利的讲解达人，经常向干部群众讲党的故事、政协故事、临沧故事。她们也成为临沧市 386 名普普通通政协干部的缩影，日复一日、年复一年讲述着、演绎着、刻画着我们的精彩故事，让人心生敬意。

搁笔时，临沧政协文史馆已经接待了 300 多批、2 万多人次观展，对于一个州市级政协文史馆来说，这是一个了不起的数字，倾注着来自全国各地参观者对临沧政协文史馆的认可与热爱。每一位来访者，都在这里留下了他们的足迹，与历史对话，与文化共鸣，共同编织着对伟大祖国、对中国共产党、对中国特色社会主义的高度认同。

集聚创新要素　赋能文史传承
激发新时代政协文史工作的生机与活力

——邹平文史馆建设亲历记

李飞 *

缘　　起

　　邹平市政协文史资料工作，是在 1981 年山东省政协第一次文史资料工作会议后逐步开展起来的。40 多年来，市政协和广大文史工作者，先后征集文史资料近千万字，编辑出版了《邹平文史资料选辑》、《邹平文史集萃》上下辑、其他文史书籍 18 种，为省市输送文史资料 200 万字以上。进入新世纪后，文史资料的征集内容、征集手段、传播方式发生了深刻的变化，面临种种新的课题和挑战。近年来，长期从事文史资料工作并具有专业素养的老同志相继退居二线，在办公场所的变迁和改造中征集来的文史资料和印行的文史书籍越来越成为"散落的故纸堆"。人已暮年，纸黄字逝，文史资料工作薪火相传，任重道远。新的历史阶段，"如何让历史文化资源得到有效保护、挖掘、传承和利用，如何让政协文

---

　　* 李飞，邹平市政协文史资料办公室主任。

史资料与时代同向同行"成为摆在我们面前的崭新课题。

2020年5月山东省政协举行政协文史馆工作研讨会,为文史馆首批特聘馆员颁发证书。由此,为既有的文史资料找一个"安身场所",为广大文史工作者和爱好者打造一方交流的平台,"筹建自己的文史馆"逐渐成为一个想法。

2020年12月9日,邹平市政协召开了"新时代 新使命 新作为"文史工作座谈会。会议指出,新时代政协文史工作要突出记录当前,通过对现在经济社会发展事、物、人的记录,如实反映出邹平各项事业发展情况,发挥好文史工作"存史"作用。要建立文史工作研究平台和文史工作者队伍,凝心聚力,形成推进文史工作的强大合力。要利用好网络平台,把突出邹平特色、体现邹平名片的文史资料集中起来,展示出去。要突出文史工作数据化、展示智能化,保障好文史资料资源科学化管理、有效性传播。要注重成果转化,真正让文史研究成果服务群众,服务经济社会发展,为推动社会主义文化大发展贡献智慧和力量。会上,政协委员、文史工作者和爱好者畅所欲言,积极建言,十三届政协主席孙利华围绕建设文史资料馆的选址、定位、功能等问题和与会者进行了深入交流。此刻,把散落的文史资料集中起来,把积压在仓库里的文史书刊展示出来,"筹建自己的文史馆"真正成为一个共识。

建　　设

2021年春节过后,邹平市政协主席会议和党组会议正式决定筹建政协文史馆,筹建工作进入实质性阶段。按照会议要求,成立工作专班,具体负责研究建馆意义、馆藏和软件设施等具体问题,写出具体方案。改造装修、资金筹措等问题则由机关办公室专职负责。筹建文史资料馆成为邹平市政协阶段性的中心任务,孙利华主席亲自协调选址,最终确定在与政协机关一路之隔，与文史资料工作业务密切相关，且面积用房适合的市档案馆，并根据实际情况，初步确定了展陈室、馆藏室和编辑交流室的区域格局。

2021 年 3 月份，整理既有文史资料、面向社会征集相关资料、撰写展陈大纲和基础改造等工作全面同步展开。

各种文史资料、文史书籍的查找和征集是筹建文史馆最基础、最关键的先导性工作。筹建过程中，我们先后开展了三次较大规模的集中整理。一是摸清家底，将长期散落堆放在仓库中的资料进行一一清点入册。整理各类文史书籍 110 余种千余册，《邹平文史资料选辑》1—10 辑手稿近千份（含分类登记簿、批改稿、存稿待用等系列资料），以及马耀南亲批荣誉证明书、山东人民抗日救国军第五军给养往来单据等红色资料一宗。这些资料反映了邹平政协文史资料工作的辉煌成绩，勾勒了文史资料征集、整理、编辑、刊行的完整链条，是老一辈文史工作者留存下来的宝贵财富。二是共享资源，整合职能部门力量，打造地方文献资料库。党史、史志、档案、文旅、融媒等部门积极响应，主动参与文史馆资料征集，整理"党史史志、历史文化、文艺文学、档案编研"等部门资料120 余种，征集"诗、文、志、谱"地方文献 90 余种。三是广泛征集，全面动员社会力量参与。资料的征集整理同时得到了广大政协委员、文史工作者和爱好者的大力支持，举行了政协文史办首任主任成学炎和十三届政协常委、邹平美协主席郭立民文史资料集中捐赠仪式，地方文化工作者成刚、宁治春等也纷纷提供线索、捐赠资料，先后收到个人捐赠各类书籍 90 余种、影像资料 120 余种和部分名人名家手迹。

2021 年 6 月 11 日，市政协召开文史资料馆建设工作推进会，总结前段工作，部署加快推进建设。会议按照"先做起来"的思路，把握"量体裁衣、量力而行，有用的而不是政绩的或形象的"原则，进一步明确了文史资料展览室、馆藏室、采集室的基本区域布局；进一步明确了展览室"墙面展板（展示邹平历史沿革的线轴和文化传承的脉络）＋典籍专柜（典籍著作）＋全铝双面展架（文史资料专题展示）"的功能布局；进一步明确了配置电子化设备，实现馆内局域网联机，切实满足文史资料数字化加工的要求；进一步明确了探索馆员聘用办法，建设一支专兼职结合高素质的政协文史工作者队伍的目标。会后，各方热情更加高涨，文史馆建设进入全面加速的阶段。

2021年9月份，通过招投标程序，展厅改造装修、办公设施和电子化设备采购基本到位。在邹平市档案馆的大力支持下，馆藏室新上档案密集柜一组，配备恒温恒湿消毒等设施，达到了档案存放标准。接下来，全面进入集中布展的攻坚阶段。在展陈大纲的基础上，通过线上3轮征求意见，线下4次集体讨论，七易其稿，最终确定布展方案。9月24日布展入场，11月7日基本到位。在此期间，孙利华主席多次现场办公，敲定意见。省政协研究室、文史学委和联合日报社等单位领导先后莅临现场指导，在布展、定位和文史队伍建设等方面给出了细致的指导。

2021年12月8日，时任山东省政协文史学委副主任刁仕军、时任滨州市政协副主席商玉昌、邹平市政协主席孙利华和时任邹平市统战部部长张洪柱共同揭开红绸，载有梁漱溟先生生前亲书"邹平文史馆"的匾额呈现在大家面前，标志着邹平文史馆正式揭牌运行。

印　记

从2020年12月9日邹平市政协文史工作座谈会达成"筹建自己的文史馆"的共识，到正式揭牌成立，经春夏历秋冬，整整一年的时间。在这一年中，那些物、那些人、那些事，那些历史的记录者终究成为被历史记录的印记。

一份珍贵的手迹，那是跨越时空的印记。梁漱溟先生曾在邹平领导乡村建设运动，邹平政协一直将这方面的资料征集作为工作重头戏，先后6次组织人员进京访问梁先生及其亲友，取得了十分珍贵的文史资料，并于上世纪90年代在档案馆"名人档案系列"中为梁先生建宗立档。筹建过程中，在梳理这些档案的时候，偶然间发现梁先生墨迹"邹平文史展览馆"，"邹平文史馆"的匾额用字即从此来，机缘巧合，成就了一次跨越时空的邂逅。

一群可敬的老人，那是赓续传承的印记。邹平政协文史资料办公室自1986年成立以来，先后有11名专职工作人员。文史馆筹建时，他们都已经离开或即将离开文史岗位。但是他们没有一个人置身事外，或捐赠资料，或提供线索，或亲临现场，对文史馆的建设饱含热切的期盼。成学炎老人在梁漱溟先生手书前的深沉凝视、郭蒸晨老人在追忆文史资料选辑最初编纂时的深邃思考、孟宪勇老人对文史馆建设的深情赞许，将永远定格在邹平政协文史工作的史册中。

一种文史的情结，那是永不磨灭的印记。文史馆筹建专班由即将退居二线的时任分管副主席王允栋牵头，已经退居二线的政协原秘书长刘书臣和政协文史办原主任孙克忠、花甲之年的政协委员郭立民全程参与指导，文史爱好者外事办副主任杨学平、语文教师张朝、融媒体资深记者耿斌发挥各自所长，在布展、文献、影像记录等方面贡献着智慧和力量。这种热情正是源于那为人所赞颂的"文史情结"，这就是广大文史工作者和爱好者满怀热情、不畏艰难、充满活力的工作精神。

向 未 来

邹平文史馆的建设和发展离不开各级政协领导的关心和指导，山东省政协主席葛慧君，副主席段青英、王修林先后到馆视察指导，为我们注入了奋进的动力，坚定了前进的方向。

文史馆建成使用，集聚了人气，搭建了平台，进一步明确了政协文史工作"做什么、谁来做、怎么做、如何用"的新路径。如今以文史馆为平台开展文史资料征集、研讨活动已成为新常态。两年来，组织文史资料捐赠活动 10 余次，接待各类参观团体近百个。规划"邹平历代文献整理与研究"专题征集，将《梁漱溟与邹平乡村建设实验》《范公祠史话》《伏生研究初探》等先贤文化研究纳入文史馆员选题项目库。启动影像口述历史采集，《与巨人同行——同事追思张士平生前事迹口述》《生命至上　人民至上——2022 年春季邹平市透析患者整体转诊亲历者口述实录》结集成册。强化精品意识，《山东长白山碑刻文献集成》相继荣获山东省政协优秀文史书刊评选一等奖和山东省文旅厅 2023 年文旅研究重点类成果。开展镇街文史探访暨黄河（齐东）文化传承与保护协商调研活动，为促进邹平文化事业发展贡献智慧和力量。开展"青春实践　寻路文史""知文史　爱家乡"大学生寒暑假社会实践活动，通过多样的岗位锻炼青年，通过多彩的活动吸引青年，让更多的年轻人走进政协文史、了解政协文史、参与政协文史，展现文史工作青春气质。

开馆意味着更多的责任，两年多来的运行也仅仅是一个新的开端。尤其是中国政协文史馆来馆调研，搭建起了"政协系统文史馆一家人"交流平台，让我们更加深刻地认识到发挥文史馆功能和作用的重要意义，更加自觉地借鉴各地政协文史馆的优秀做法、先进经验，集聚创新要素，赋能文史传承，推动形成"大文史"格局，让政协文史工作的路子越走越宽广。